ビジネスで世界を相手にする人の英語

ネイティブの使うこなれたフレーズと相手・状況に応じた使い分け表現

植山周一郎＋ジェイミー・スピタル 著
Shu Ueyama & Jamie Spittal

CDつき

クロスメディア・ランゲージ

はじめに

　2020年の東京オリンピック開催決定や、訪日外国人観光客の急増のなか、いま日本人に必要とされているのは、真の「グローバルビジネスパーソン」としての素質を身につけることです。
　英会話が上手だというだけでは、世界で活躍できるようにはなれません。文化や考え方の違う国の人たちともうまくやっていけるよう、次の4つの要素を身につけることが必要です。
① Inner qualities（内的資質）
　政治、経済、文化、歴史、芸術、哲学などに関する知識や洞察力など
② Outer qualities（外的資質）
　服装、表情、ボディランゲージ、声など、まわりの人が見たり聞いたりできる要素
③ An understanding of global business（グローバルビジネスに対する理解）
　ビジネス交渉の方法、手順、礼儀作法など
④ A charming personality（魅力的なパーソナリティ）
　国籍を超越して多くの人たちを魅了するパーソナリティ

　私はイギリスで約10年間、日本の大手家電メーカーの販売部長を務めました。またあるときは、世界最大級のアメリカの広告代理店の日本代表として、日本の広告代理店との提携を実現させたこともあります。そしてまた、ヴァージン・グループの顧問として、日本にヴァージンの子会社を何社か立ち上げてきました。リチャード・ブランソン会長とのビジネス関係と個人的友情から、本書の推薦文も彼からいただくことができました。
　これら長年にわたる私のグローバルビジネスの経験に基づき、実際のビジネスで遭遇する会話シーンを集めました。本書で紹介した表現や語句を、

ぜひビジネスの場で活用なさってください。

　そしてじっくり読んでいただきたいのは Business Tips です。私がこれまでのビジネスや、海外のエグゼクティブとのやりとりを通じて習得したビジネススキルのエッセンスが詰まっています。この Tips を読むことで、上記の４つの要素が知らず知らずのうちに身につくことでしょう。

　ぜひ、世界をまたにかけて活躍する一流ビジネスパーソンを目指してください。

　本書の執筆にあたり、特に英語の部分で Jamie Spittal 様、ジュミック今井様、Tracey Kimmeskamp 様、Alex Knezo 様には大変お世話になりました。また、クロスメディア・ランゲージの小野田幸子さんにもひとかたならぬご尽力をいただきました。これらの皆様の献身的な努力のおかげで、本書を完成することができました。心より感謝申し上げます。

　Good luck to everyone!

2015年10月　東京、恵比寿にて

植山周一郎

"This book is full of real-life business experiences of the author, who has been an international consultant for more than 30 years, and will help the readers excel in various situations in global business."
- Richard Branson (CEO of Virgin Group and a good business partner of the author for 26 years)

「本書には、著者の国際コンサルタントとしての30年以上の活きたビジネス経験が満載である。そして、それらは読者がグローバルビジネスの様々な状況に対処するための助けとなることだろう」
リチャード・ブランソン（ヴァージン・グループ創設者、CEO。著者とは26年来の良きビジネスパートナー）

本書の特長と使い方

本書の特長

　本書では、ビジネスで世界を渡り歩いてきた著者による、生きた英語が学べます。ビジネスに必要な英語表現と同時に、グローバルに対応できるビジネススキルをも身につきます。1つのセクションに、ダイアログ、重要表現、言い換え表現、ビジネスコラム、英語コラム、と盛り込みました。

> **ポイント**
> - グローバルビジネスに長けた著者による生きた場面設定。
> - 複数のアメリカ人とイギリス人とが編集に携わっており、ネイティブならではの表現が学べます。
> - 基本的にアメリカ英語を採用していますが、イギリスならではの表現もたくさん紹介しています。

本書の構成

　本書は、「社内編」「社外とのやりとり編」「海外出張編」の3部構成となっています。
　各章は2〜5つの場面設定から成り、さまざまなシチュエーションでのビジネス英語表現を学ぶことができます。
　1つのセクションは次の5つから構成されています。(計4ページ)
①英文ダイアログ、日本語訳、Vocabulary
②このトピックに関する重要表現
③ Jamie's advice 言い換え表現

④このトピックに関する Business Tips
⑤ English Tips

各項目の特長と使い方

①は、このセクションの基本となる部分です。ネイティブが使う生きた表現が盛り込まれていますので、ぜひ何度も読んで、会話で使いこなしてください。
　②で紹介する重要表現を青い太字にしています。また、③で紹介する言い換え表現については青い下線を引いています。
②は、①で青い太字になっている重要表現です。このトピックでよく使われる表現について、さらに詳しく説明しています。英語だけでなく、そのビジネス背景についても言及しています。わかりやすくするため、見出しはダイアログで出てきた表現そのままではない場合があります。
③は、①で出てきた表現のうち、他の言い方に言い換えが可能なものをピックアップしています。ビジネスパーソンには、相手や状況に応じて表現を使い分ける心配りが必須です。
　青い下線が引かれている表現を1とし、2以降でその言い換え表現を紹介しています。Jamie さんおすすめの表現とその使い方を、ネイティブならではの視点で解説しています。ビジネス関係が親密度を増すと、打ち解けて口語的な話し方をすることも多くなりますので、本書では非常に丁寧な表現から、カジュアルな言い方まで幅広くご紹介しました。わかりやすくするため、1はダイアログで出てきた表現そのままではない場合があります。
④ Business Tips では、そのトピックに関するビジネススキルやポイントを紹介しています。
⑤ English Tips では、発音やイディオムなど、さらに英語力をアップさせるためのノウハウを紹介しています。

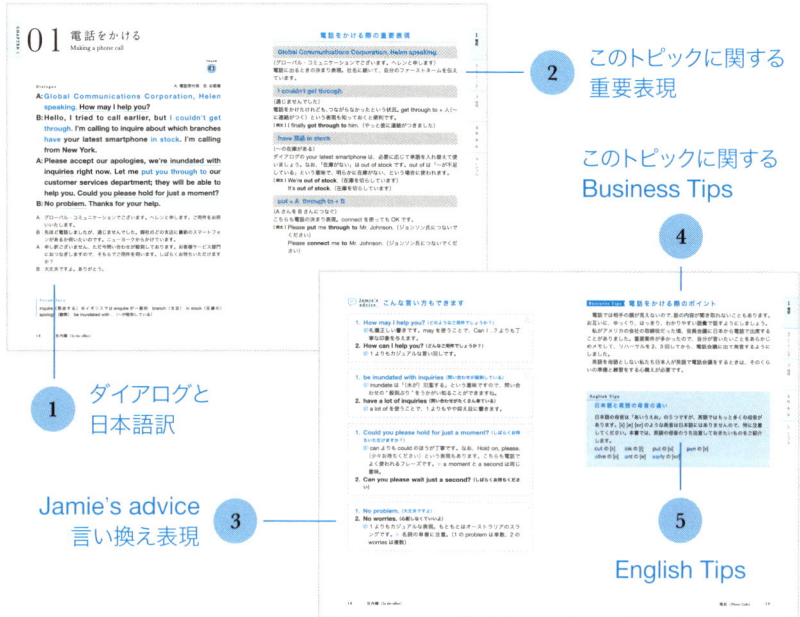

CDについて

　付属のCDには、①の英文ダイアログと②の重要表現、③の言い換え表現が収録されています。ナチュラルなスピードでの、アメリカ英語のナレーションです（男女2人）。

　音声を何度も聴き、②の重要表現や③の言い換え表現を口にすることで、いざ英語スピーキングというときに、自然な英語が口をついて出るようになります。

　②や③の表現は、耳になじみやすいように、本の内容と少し変えていることがあります。

　また本書のCDの音声は、クロスメディア・ランゲージのウェブサイトからもダウンロードが可能です。（CDとダウンロードデータの内容は同じです）

　　　http://www.cm-language.co.jp/books/globalbusiness/

7

CONTENTS

社内編 (In the office)

CHAPTER 1
電話 (Phone calls)

01 電話をかける (Making a phone call) 16
02 間違い電話 (Dialing a wrong number) 20
03 営業の電話 (Making a sales call) 24
04 取材の申し込み (Receiving a request for an interview) 28
05 海外からの引き合い (Overseas business inquiry) 32

CHAPTER 2
ミーティング (Meetings)

01 製造販売会議 (Production/Sales meeting) 38
02 デザイン会議 (Design meeting) 42
03 経営会議 (Management meeting) 46
04 広告代理店との打ち合わせ (Briefing an advertising agency) 50
05 弁護士との打ち合わせ (Meeting with a corporate lawyer) 54

CHAPTER 3
雑談 (Chatting)

01 家族について (Family) 60
02 世界情勢について (Current events) 64

03　世界経済について (World economy) ········· 68
04　日本の政治について (Politics in Japan) ········· 72

CHAPTER 4
報・連・相 (Reporting, contacting, and consulting)

01　出張報告 (Reporting back on an overseas trip) ········· 78
02　業務引き継ぎ (Handing material over to one's successor) ········· 82
03　営業ノウハウ伝達 (Passing on sales know-how) ········· 86

CHAPTER 5
トラブル (Encountering difficulties)

01　オフィス機器の故障 (Broken down equipment) ········· 92
02　リースしているトラックの故障 (Broken down leased vehicle) ········· 96
03　豪雨による停電 (Blackout due to heavy rain) ········· 100

社外とのやりとり編
(Dealing with people outside the company)

CHAPTER 6
アポイント (Appointment)

01　電話でアポイントを取る (Requesting an appointment by telephone) ········· 106

CONTENTS

02 新製品の営業のアポイントを取る
　　(Requesting a sales appointment to introduce new products) ……… 110

03 ディナーのアポイントを取る
　　(Requesting an appointment for dinner) ……………………………… 114

CHAPTER 7
訪問 (Company visit)

01 受付にて (At the reception desk) ………………………………………… 120

02 社長への表敬訪問 (Paying a courtesy call) …………………………… 124

03 新規広告代理店を訪問
　　(Visiting a new advertising agency) …………………………………… 128

CHAPTER 8
会社説明 (Company information)

01 会社説明を行う
　　(Providing basic information of your company) ……………………… 134

02 自社の強みを説明する
　　(Introducing your company's strong points) ………………………… 138

CHAPTER 9
交渉 (Negotiations)

01 価格を交渉する (Negotiating price) …………………………………… 144

02 新たな仕入れ先候補と交渉する
　　(Negotiating with a potential supplier) ……… 148
03 日本の市場状況と買付計画について説明する
　　(Describing the market situation in Japan and your purchase schedule) ……… 152
04 銀行に融資を依頼(Requesting a loan from a bank) ……… 156

CHAPTER 10
注文 (Order)

01 メーカーに注文する(Ordering from a manufacturer) ……… 162
02 売れ行きが悪い商品の一括注文を取る
　　(Taking a one-off order of a slow-selling product) ……… 166
03 注文条件を見直す(Reviewing trading conditions) ……… 170
04 注文が多すぎて商品が足りない
　　(Too many orders and too few products) ……… 174

CHAPTER 11
クレーム・謝罪 (Complaining and apologizing)

01 買った商品に対する苦情(Complaining about a product) ……… 180
02 満足していないお客に対応する
　　(Dealing with a dissatisfied customer) ……… 184
03 保証期間外の対応
　　(Dealing with a customer whose purchase is no longer under warranty) ……… 188

CONTENTS

海外出張編 (On business trips abroad)

CHAPTER 12
出迎え・自己紹介
(Being picked up / Introducing yourself)

01 ホテルでチェックインする (Checking in at the hotel) …… 194
02 渋滞でアポイントに遅れる (Delay due to heavy traffic) …… 198
03 初対面の取引先に自己紹介する
　　(Introducing yourself to a client whom you meet for the first time) …… 202

CHAPTER 13
工場見学 (Factory tour)

01 工場の製造現場見学 (Tour of the factory floor) …… 208
02 生産ラインの見学 (Tour of the factory production line) …… 212

CHAPTER 14
プレゼンテーション (Presentation)

01 デモンストレーションを行う (Giving a demonstration) …… 218
02 大勢の人たちにプレゼンする
　　(Presenting to a large group of people) …… 222
03 プレゼンの後の質疑応答 (Q & A session after a presentation) …… 226

CHAPTER 15
接待 (Business entertainment)

- 01 最高級のレストランに招待される
  (Being invited to one of the best restaurants in town) ……… 232
- 02 ゴルフクラブに招待される (Being invited to a golf club) ……… 236
- 03 取引先の自宅に招待され、家族に紹介される
  (Being invited to a client's house and being introduced to their family) ……… 240

CHAPTER 16
お別れ (Saying goodbye)

- 01 アメリカでお世話になったホストへお礼を述べる
  (Expressing gratitude to your host in the U.S.) ……… 246
- 02 日本への来客にお礼を述べる
  (Expressing gratitude to your guest in Japan) ……… 250
- 03 空港までのタクシーを手配する (Arranging a taxi to the airport) ……… 254

索引　覚えておきたい ビジネス英語表現 (Index) ……… 258

社内 編
In the office

CHAPTER
1

電話
Phone calls

CHAPTER 1

01 電話をかける
Making a phone call

TRACK

Dialogue   A: 電話受付係　B: お客様

A: Global Communications Corporation, Helen speaking. How may I help you?

B: Hello, I tried to call earlier, but I couldn't get through. I'm calling to inquire about which branches have your latest smartphone in stock. I'm calling from New York.

A: Please accept our apologies, we're inundated with inquiries right now. Let me put you through to our customer services department; they will be able to help you. Could you please hold for just a moment?

B: No problem. Thanks for your help.

A：グローバル・コミュニケーションでございます。ヘレンと申します。ご用件をお伺いいたします。
B：先ほど電話しましたが、通じませんでした。御社のどの支店に最新のスマートフォンがあるか伺いたいのです。ニューヨークからかけています。
A：申し訳ございません、ただ今問い合わせが殺到しております。お客様サービス部門におつなぎしますので、そちらでご用件を伺います。しばらくお待ちいただけますか？
B：大丈夫ですよ。ありがとう。

Vocabulary

inquire（照会する）※イギリスでは enquire が一般的　branch（支店）　in stock（在庫の）
apology（謝罪）　be inundated with ...（〜が殺到している）

16　社内編（In the office）

電話をかける際の重要表現

Global Communications Corporation, Helen speaking.

(グローバル・コミュニケーションでございます。ヘレンと申します)
電話に出るときの決まり表現。社名に続いて、自分のファーストネームを伝えています。

I couldn't get through.

(通じませんでした)
電話をかけたけれども、つながらなかったという状況。get through to + 人（〜に連絡がつく）という表現も知っておくと便利です。
[例文] I finally **got through to** him.（やっと彼に連絡がつきました）

have 商品 in stock

(〜の在庫がある)
ダイアログの your latest smartphone は、必要に応じて単語を入れ替えて使いましょう。なお、「在庫がない」は out of stock です。out of は「〜が不足している」という意味で、明らかに在庫がない、という場合に使われます。
[例文] We're **out of stock**.（在庫を切らしています）
　　　It's **out of stock**.（在庫を切らしています）

put + A through to + B

(A さんを B さんにつなぐ)
こちらも電話の決まり表現。connect を使っても OK です。
[例文] Please **put** me **through to** Mr. Johnson.（ジョンソン氏につないでください）
　　　Please **connect** me **to** Mr. Johnson.（ジョンソン氏につないでください）

Jamie's advice　こんな言い方もできます

1. How may I help you? （どのようなご用件でしょうか？）
💬 礼儀正しい響きです。may を使うことで、Can I ...? よりも丁寧な印象を与えます。
2. How can I help you? （どんなご用件でしょうか？）
💬 1 よりもカジュアルな言い回しです。

---

1. be inundated with inquiries （問い合わせが殺到している）
💬 inundate は「（水が）氾濫する」という意味ですので、問い合わせの"殺到ぶり"をうかがい知ることができますね。
2. have a lot of inquiries （問い合わせがたくさん来ている）
💬 a lot of を使うことで、1 よりもやや抑え目に響きます。

---

1. Could you please hold for just a moment? （しばらくお待ちいただけますか？）
💬 can よりも could のほうが丁寧です。なお、Hold on, please.（少々お待ちください）という表現もあります。こちらも電話でよく使われるフレーズです。▸ a moment と a second は同じ意味。
2. Can you please wait just a second? （しばらくお待ちください）

---

1. No problem. （大丈夫ですよ）
2. No worries. （心配しなくていいよ）
💬 1 よりもカジュアルな表現。もともとはオーストラリアのスラングです。▸ 名詞の単複に注意。（1 の problem は単数、2 の worries は複数）

18　社内編 （In the office）

> **Business Tips**　電話をかける際のポイント

　電話では相手の顔が見えないので、話の内容が聞き取れないこともあります。お互いに、ゆっくり、はっきり、わかりやすい語彙で話すようにしましょう。

　私がアメリカの会社の取締役だった頃、役員会議に日本から電話で出席することがありました。重要案件が多かったので、自分が言いたいことをあらかじめメモして、リハーサルを2、3回してから、電話会議に出て発言するようにしました。

　英語を母語としない私たち日本人が英語で電話会議をするときは、そのくらいの準備と練習をする心構えが必要です。

English Tips

日本語と英語の母音の違い

日本語の母音は「あいうえお」の5つですが、英語ではもっと多くの母音があります。[ʌ] [æ] [ə:r] のような発音は日本語にはありませんので、特に注意してください。本書では、英語の母音のうち注意しておきたいものをご紹介します。

cut の [ʌ]　　ink の [i]　　put の [u]　　pen の [e]
olive の [ɑ]　　ant の [æ]　　early の [ə:r]

電話（Phone Calls）

02 間違い電話
Dialing a wrong number

TRACK

Dialogue　　　　　　　　　　　　　　　　　　A: お客様　B: 電話受付係

A: Good afternoon, this is Mike Shibanuma of ABC Corporation. May I speak to Mr. Bridge, please?

B: I'm sorry sir, but we don't have a Mr. Bridge here. Are you sure you have the right name? Or maybe you have the wrong number?

A: I don't have the number at hand... Ah! Let me double-check the business card I received the other day. I thought I dialed 234-5565, FOX Corporation.

B: I'm afraid you must have dialed the wrong number. This is 234-5560, Tozai Audit Company.

A：こんにちは。こちらは ABC コーポレーションのマイク・柴沼（※マイクは誠のニックネーム）です。ブリッジさんとお話しできますか？
B：すみませんが、ブリッジという者は当社にはおりません。名前に間違いございませんか？　それとも電話番号をお間違えになりませんでしたか？
A：手元に電話番号がないんですが……そうだ、先日もらった名刺をもう一度チェックしてみます。234-5565 の FOX コーポレーションにダイヤルしたつもりですが。
B：違う番号をダイヤルされたようですね。こちらは 234-5560 の東西監査法人です。

Vocabulary

have the wrong number（間違い電話をかける）※常に the をつけます　at hand（手元に）
business card（名刺）　dial（電話をかける）

社内編（In the office）

間違い電話の際の重要表現

We don't have a Mr. Bridge here.

(ブリッジという者は当社にはおりません)
"そういう人物は1人もいない"と言っています。なお、a のあるなしで、次のように意味が変わります。
[例文] We have a call from **Mr. Bridge**.
　　　(ブリッジさんから電話です)
　　　※電話の受け手は、ブリッジさんを知っている可能性が高い。
　　　We have a call from **a Mr. Bridge**.(ブリッジさんという方から電話です)
　　　※おそらく電話の受け手はブリッジさんのことを知らない。

Maybe you have the wrong number?

(多分、電話番号をお間違えになりませんでしたか)
maybe は推量を表し「多分」や「おそらく」といった意味で使われます。ひとこと maybe と付け加えることによって(明らかにそれが間違い電話だとわかっていたとしても)、相手に対して失礼にならぬよう配慮することができます。

I don't have the number at hand.

(手元に番号がありません)
「番号を手元に持っていない」、つまり番号が手元で確認できないということ。ダイアログでは、名刺などを見ずに記憶を頼りに電話しています。

double-check

(再確認する)
文字通り「二重チェックをする」。ダブルチェックという言葉は日本語でもすっかり定着していますね。
[例文] I'll **double-check** the figures.
　　　(私が数字をダブルチェックします)

I'm afraid you must have dialed the wrong number.

(違う番号をダイヤルされたようですね)
相手の間違いを指摘していますが、I'm afraid をつけることで直接的に響かないように気を配っています。

電話 (Phone Calls)

Jamie's advice こんな言い方もできます

1. May I speak to Mr. Bridge?（ブリッジさんとお話しできますか？）
2. Could I please speak to Mr. Bridge?（ブリッジさんと話せますか？）
　💬 1よりもくだけた表現です。2をカジュアルな表現にする場合は can で対応します。フォーマル度は may ＞ could ＞ can の順です。
3. Could you put me through to Mr. Bridge?（ブリッジさんにつないでもらえますか？）

---

1. I don't have it at hand.（持ち合わせていません）
　💬 "手元にない" ということ。携帯電話などの実質的なモノほか、電話番号や住所のような情報（無形のモノ）にも使えます。
2. I don't have it on me.（持っていません）
　💬 こちらは、"実際に持っていない" ということ。携帯などの物品にしか使えません。

● 「番号を間違えました。失礼しました」と言って電話を切るときの表現
1. I'm sorry for having bothered you.（ご迷惑をおかけしてすみません）
2. I'm sorry for having wasted your time.（お手間を取らせてしまい申し訳ございません）
　💬 1よりもさらに恐縮した言い方。相手が重要な人か、または長電話になってしまった場合に。

Business Tips 間違い電話に対応するポイント

　電話は企業ブランディングの手段として、非常に重要な役割を果たしています。取引先や消費者の電話に対する応対の仕方次第で、良い印象を持ってもらえたり、不愉快な印象を持たれたりします。
　したがって、たとえ間違い電話であっても、礼儀正しく、感じ良く応対することが基本です。これは日本語でも英語でも同じです。
　Sorry sir, this is FOX Corporation.（すみませんが、こちらは FOX コーポレーションです）
　I'm afraid you must have dialed the wrong number.（違う番号をダイヤルされたようですね）
　このくらいに丁寧に話せば、間違い電話をかけた相手でもいい印象を持ってくれるでしょう。

English Tips

[æ]は、強く発音しよう

[æ]はアメリカ人と話していて、最も耳に残る強い音です。アメリカ英語の [æ] は「ア」と「エ」と足して割ったような音。「エ」の口で「ア」と発音するイメージです。イギリス英語と比べて、音が伸びるという特徴があります。さあ、声に出して、このアメリカ英語独特の音を練習してみましょう。

fact ファクト　fat ファット　fax ファックス
land レァンド　gang ゲァング　bad ベァッド
Yankee イァンキー　mad メァッド

イギリス英語の場合、[æ] の音はそれほど強烈ではなく、日本人の耳になじみやすいです。

電話（Phone Calls）　23

03 営業の電話
Making a sales call

TRACK
03

Dialogue　　　　　　　　　　　　　　　　A: 不動産会社の営業スタッフ　B: お客様

A: Hello, This is Ken Tanaka of San Francisco Real Estate. <u>Am I speaking to Ms. Chan?</u> I don't know if you remember me, but we met two years ago.

B: Oh yes, you sold us our penthouse in Sandy Bay. <u>What can I do for you?</u>

A: We have a client who wants to <u>make an offer on</u> your property <u>for</u> $1.2 million.

B: I'm sorry, but <u>it isn't for sale</u> at the moment. However, I have a friend in the area that has recently <u>put her property on the market</u>, so <u>I can give you her details</u> if that suits you.

A：こんにちは、サンフランシスコ不動産のケン・田中と申します。チャン様でいらっしゃいますか？　覚えていらっしゃるかどうかわかりませんが、2年前にお目にかかっております。
B：はい、サンディベイのペントハウスを私たちに売ってくださった方ですね。何かご用ですか。
A：お宅の物件を120万ドルで購入したいというお客様がおられます。
B：申し訳ありませんが、今売却するつもりはありません。でも、この地域の友人が不動産物件を最近売りに出したので、よろしければ連絡先をお教えしますよ。

Vocabulary

penthouse（ペントハウス）※最上階の部屋のこと　client（顧客）　property（物件）　at the moment（今）　detail（詳細）　if that suits you（もし都合が良ければ）

24　社内編（In the office）

営業電話の際の重要表現

make an offer on + モノ for + 金額

(〜を〜の値段で購入するという提案を行う)
具体的な金額を提示して購入意思を示す言い方です。ダイアログでは We have a client who wants to make an offer on your property for $1.2 million. のように、120万ドルという実際の金額をチャンさんに伝えています。

It isn't for sale.

(売りに出すつもりはありません)
not for sale は直訳すると「売り出し中ではない」ですが、「販売する意思がない」という意味で使われることもあります。
[例文] It's **for sale**. (それは売り出し中です)
　　　※販売の意思がある
　　　It is**n't for sale**. (それは売り出し中ではありません)
　　　※売る状態にないか、または販売の意思がない

put one's property on the market

(不動産物件を市場に出す)
このフレーズには、不動産物件を売りに「出す」という"アクション"があります。be動詞を使って表現することもできますが、その場合はアクションにではなく、不動産が売りに出されたという"状態"に着眼点が置かれます。
[例文] We **put** our property on the market. ※売りに出すというアクション
　　　Our property **is** on the market. ※売り出し中という状態

I can give you her details.

(彼女の連絡先をお教えしますよ)
details とは住所、氏名、会社名、電話番号、メールアドレスなどのことです。

Jamie's advice　こんな言い方もできます

---

1. Am I speaking to Ms. Chan?（チャン様でいらっしゃいますか？）
　💬チャンさんにつないでもらうことを希望しています。なお、女性が既婚か未婚かわからない場合の敬称は Ms. です。
2. Is this the Chan residence?（チャン様のお宅ですか？）
　💬自宅にかけた場合に使います。▸ Excuse me. Are you Ms. Chan?（すみません、チャン様ですか？）は、初対面の人との待ち合わせのときには使えますが、電話で用いると失礼にあたります。

---

1. What can I do for you?（何かご用ですか？）
2. What's up?（どうだい？）
　💬とてもカジュアルな言い方で、たいていは仲間内で使います。
　▸ How may I help you? は、ビジネスシーンで用いますので、自宅に電話をかけた際には不自然です。

---

1. It isn't for sale.（売り出し中ではありません）
　💬または、「売るつもりがありません」。
2. We're not interested in selling it.（売りに出すつもりはありません）
　💬1は客観的、2は主観的な視点に立った発言です。なお、2はやや苛立っているようにも聞こえます。

---

1. If that suits you（ご都合がよろしければ）
2. If that's OK with you（もし OK ならば）
　💬1よりカジュアルな言い方です。

> **Business Tips** 営業電話に対応するポイント

　テレマーケティングの発祥の地はアメリカです。電話による売り込みは日常茶飯事です。
　まず DM や E メールが送られてきます。DM は、メールアドレスが入手できない見込み客にアプローチする重要な方法です。
　そのあと電話が何回もかかってきます。"Hello, we mailed you our latest pamphlet the other day. I was wondering if you have had the chance to look at it.（最新のパンフレットを先日お送りしました。ご覧になっていただけましたか？）
　We are running a fantastic campaign right now, and I don't want you to miss it.（今、素晴らしいキャンペーンを実施中で、あなたに見逃してほしくありません）
　こういった調子でグイグイと売り込んできます。自宅で時間を持て余している人が、つい暇つぶしに電話の応対をして、結果として購入してしまう、そんな例が多いのです。
　無駄な出費を避けるためには、毅然と断ることが肝要です。
　I'm sorry, but I'm not interested in buying your products. Thank you.（申し訳ありませんが、御社の商品を買う興味はありません。ありがとう！）と言って、電話を切るに限ります。

English Tips

山型の [ʌ] は歯切れよく

日本語の「ア」に比べて、口の後ろで、歯切れよく、後方に引っ張る感じで発音します。次の2種類の音を発音してみましょう。最初が [æ] で、2番目が山型の [ʌ] です。

cap ケァップ – cup カップ　　hat ヘァット – hut ハット
ban ベァン – bun バン　　　　match メァッチ – much マッチ

電話（Phone Calls）　27

CHAPTER 1

04 取材の申し込み
Receiving a request for an interview

TRACK 04

Dialogue　　　　　　　　　　　　　　　　A: 雑誌記者　B: 社長秘書

A: Good morning, I'm Amy Jones from Business Star Magazine. I'm trying to contact your president, Mr. Smith. We know he's busy, but we'd be grateful if we could arrange an interview with him.

B: I'm sorry, Mr. Smith is out of the office right now. What does the interview concern?

A: It's regarding the recall of your cars. Is there anybody else available to make a comment?

B: Ms. McCormack is in charge of press affairs. One moment please, I'll transfer your call.

A：おはようございます。ビジネススター誌のエイミー・ジョーンズと申します。御社のスミス社長と連絡を取りたいと思いまして。ご多忙とは存じますが、インタビューをアレンジさせていただければ幸いです。
B：申し訳ありません。スミスはただ今外出中です。何に関するインタビューでしょうか。
A：御社の車のリコールについてです。他にどなたかコメントできる方はいらっしゃいますか？
B：マコーマックが広報担当です。しばらくお待ちください。おつなぎします。

Vocabulary

contact（連絡を取る）　grateful（感謝して）　arrange（手配する）　available（対応できる）
press affairs（広報担当）

28　社内編（In the office）

取材申し込みの際の重要表現

We know he's busy, but ...

（ご多忙とは存じますが）
We know he's busy を添えることで、丁重な姿勢に。アポイントを取らせてほしいとお願いするだけでなく、ひとこと「ご多忙とは存じますが」と添えることで、円滑にビジネスを進めることができます。

We'd be grateful if we could arrange an interview with him.

（インタビューをアレンジさせていただければ幸いです）
主節および if 節の助動詞を過去形にすることで、より丁寧な響きになります（前者は would、後者は could）。ダイアログの文脈から見ても、これらの助動詞が過去の可能性や推量を表しているのではない、というのがおわかりいただけると思います。

Mr. Smith is out of the office right now.

（スミスはただ今外出中です）
席をはずしている可能性もあります。実際は本人がいても、こう言って電話をつながない場合もあります。

in charge of ...

（〜の担当の）
業務担当者のほか、部長や担当役員を指す場合もあります。
[例文] I'd like to speak to someone in charge of **technical support**.
（技術サポートの担当者とお話がしたいです）
太字の部分は、refund section（返金業務）や customer relations（苦情窓口業務）などの語句に入れ替え可能です。

Jamie's advice こんな言い方もできます

1. I'm trying to contact him. （彼と連絡を取ろうとしています）
2. I'm trying to get in touch with him. （彼と連絡を取ろうとしています）

💬 こちらのほうがやややカジュアル。▸ 日本語からの直訳でつい I want to speak to him. と言ってしまいそうですが、あまりに直接すぎて相手に対し無礼にあたります。ただし、I want to を I'd like to に変えれば、やんわりとした印象に。

1. He's out of the office right now. （彼は今、外出中です）
2. He's out for the day. （本日、彼は1日中外出です）

💬 社内にいるけれども電話で話せない、または事情があって出られないときに使うことがあります。

1. One moment please. （しばらくお待ちください）
2. Please hold the line. （しばらくお待ちください）

💬 さらに時間がかかる可能性があります。▸ 電話交換台では Please hold. (= Please hold the line の略) もよく使われます。

社内編 （In the office）

Business Tips 取材申し込みの際のポイント

　外国でビジネスをする場合、その国のマスコミとの付き合いは重要です。私は、テレビ局や全国紙からの取材申し込みは積極的に受けるようにしました。
　ソニーがイギリスで初めてカラーテレビを発売したとき、私はその販売担当として赴任しました。BBCやITVなど、現地のテレビニュース番組に取り上げられると、イギリス全土に一瞬のうちに、ソニー・トリニトロン・カラーテレビの名前が広まりました。
　テレビだけでなく、新聞、雑誌なども重要なメディアです。これらマスコミに好意的な報道をしてもらうためには、記者たちと食事やゴルフなどを通じて親しくなるとよいでしょう。
　特に重要な媒体には、新製品情報などを流す前に、個人的に招待してサンプルを見せて、詳しく説明するなどの気配りをすると、いい記事を書いてもらうことができます。

English Tips

[əːr]は日本語にはない"くぐもった音"

[əːr] も日本語にはない音で、口を少しだけ開けて「アー」と言います。そうすると「ア」とも「ウ」ともつかないくぐもった音になります。
なお、イギリス英語では、earlyの母音は「アー」ですが、アメリカ人英語の場合、後ろにrがくっつきます。rの音が耳の奥に残るのがアメリカ英語の特徴です。まるで飴玉を口の中で転がしているような音です。
early [əːrli]　heard [həːrd]　hurt [həːrt]　curl [kəːrl]　fur [fəːr]

CHAPTER 1

05 海外からの引き合い
Overseas business inquiry

TRACK 05

Dialogue A: 海外の輸入商社のスタッフ B: 日本のメーカーのスタッフ

A: Hello, This is Mark Kelly calling on behalf of Eden Electronics in Toronto, Canada. We saw your advertisement online, and we'd like to inquire about distributing your cell phone cases in North America.

B: That sounds interesting. But I'll need to speak to my manager about that, and he's on another call right now. What is the best way for him to get back to you?

A: He can call me back on this number.

B: Great. I'll let him know you called. We look forward to speaking to you again.

A：こんにちは。カナダのトロントにあるイーデン・エレクトロニクス社のマーク・ケリーと申します。御社の広告をオンラインで拝見しました。御社の携帯電話用のケースを北米で販売することに関して、お話を伺いたいのですが。
B：面白そうですね。でもそれについては、上司と相談しなければなりません。いま彼は他の電話に出ています。どのように折り返しご連絡すればよろしいでしょうか？
A：この電話番号にお電話ください。
B：承知しました。お電話いただいたことを申し伝えます。またお話しできるのを楽しみにしています。

Vocabulary

advertisement（広告） online（オンラインで） distribute（流通させる） right now（ただ今） call ＋人＋ back（折り返し電話する） look forward to doing ...（〜することを楽しみにしている）

32　社内編（In the office）

海外からの引き合いの際の重要表現

We saw your advertisement online.

（御社の広告をオンラインで拝見しました）
online には形容詞と副詞の用法があります。ダイアログの online は副詞ですので動詞の saw にかかり「オンラインで見た」。いっぽう、形容詞で用いる場合は名詞の前につき online advertisement となります。スタイルは異なりますが、基本的に言わんとしていることは一緒です。
[例文] We saw your advertisement **online**.　※ online は副詞
　　　 We saw your **online** advertisement.　※ online は形容詞

He's on another call.

（彼は他の電話に出ています）
相手が電話中のため、つないでもらえない状況です。その際、いつならコンタクトが可能か、または折り返しの電話をお願いできるかなど、先方との連絡手段を必ず確保しておきましょう。

get back to you

（折り返し電話する）
call you back といってもいいでしょう。「電話する」は call が一般的ですが、次のような言い方もあります。
[例文] I will **phone** you again.（またお電話します）※ call と同じ意味ですが、イギリスでは phone がよく使われます。
　　　 I will **ring you up** again.（またお電話します）※主にイギリスで使われます。
　　　 I will **telephone** you again.（またお電話します）
　　　 I will **call** you again.（またお電話します）

on this number

（この番号に）
電話機に表示されている電話番号のことです。

💬 Jamie's advice　こんな言い方もできます

---

1. I'm calling on behalf of Company A.（A 社を代表して、お電話しています）
　💬 電話をかけているのは、A 社の社員か顧問弁護士の可能性もあります。
2. I'm calling from Company A.（A 社から電話をしております）
　💬 この場合、電話をかけているのは確実に A 社の社員です。

---

1. We'd like to inquire about ...（～について、お尋ねしたいです）
2. We'd like to make an inquiry about ...（～について、お尋ねしたいです）
3. We'd like to ask you a few questions about ...（～について、いくつか質問したいです）
　💬 上記の 2 つよりもカジュアルな言い回しです。

---

1. I'll let him know you called.（電話があったことを彼に伝えておきます）
2. I'll make sure he gets your message.（お預かりしたメッセージを彼に伝えておきます）
　💬 どちらもほぼ同じ意味で使えますが、2 のほうは「あなたのメッセージの内容を確実に伝えます」のニュアンスがあります。

---

1. We look forward to speaking to you again.（またお話しできるのを楽しみにしています）
2. We look forward to hearing from you again soon.（またのご連絡をお待ちしております）
　💬 speak to が能動的であるのに対して、hear from は受動的です。つまり、2 のほうは相手から電話がかかってくることを期待しています。▸ We look forward to being in touch with you again soon. という言い方もあります（2 と同じ意味ですが、より中立的）。

Business Tips 海外からの引き合いの際のポイント

　FOX という東京の会社は、スマートフォンのアクセサリーを諸外国から輸入して、日本で大量に販売しています。その強力な販売網に目をつけて、海外のメーカーからの売り込みがメールや電話で殺到しています。
　このように海外からの引き合いが多いとき、電話応対に際しては次の点がポイントとなります。
　まず電話をかけてきた会社の連絡先をメモしておいて、We'll come back after we have discussed internally.（社内で検討した後、ご連絡します）と言って電話を切ります。
　そしてインターネットを駆使して、それらの会社情報を可能な限り収集し、有望だと思える企業 2、3 社に絞ります。再度こちらからメールしたのち、電話でも話します。
　We're very interested in your products. Let's discuss the details.（御社の製品に非常に興味があります。詳細を相談しましょう）
　このプロセスを繰り返すうちに、多くの会社の中から選りすぐりの商品を仕入れることができるようになります。

English Tips

[i]の発音は、日本語のイとエを足して2で割った音

英語の [i] は日本語の「イ」と「エ」を足して割った音で、[e] は「エ」です。pin の [i] と pen の [e] は聞き取りが難しいのですが、前者が「イ」と「エ」の両方の音色を持っているのに対し、後者はクリアな「エ」です。つまり、「エ」の明確さが2つの母音を聞き分けるカギとなります。
次の2種類の音を発音してください。

mint ミント – meant メント　　knit ニット – net ネット
pit ピット – pet ペット　　　　sit スィット – set セット
tin ティン – ten テン　　　　　wit ウィット – wet ウェット

社内 編
In the office

CHAPTER
2

ミーティング
Meetings

01 製造販売会議
Production/Sales meeting

Dialogue　　　　　　　　　　　　　　　　　　A: 営業担当者　B: 製作担当者

A: Before we wrap up this interesting meeting, I want to turn to possible additions to our product range. The oak tables are selling like hotcakes, and we're keen to add mahogany tables to the collection. Would you be able to make them?

B: We have many contacts in the manufacturing industry, so I'm confident that we can. I'll contact our suppliers to get the ball rolling.

A: We'd like to launch it by the holiday season. Do you think that you could meet this deadline?

B: Leave it with us. I'll see what we can do.

A：この興味深い会議を終える前に、我々の製品群に追加可能と思われるものに関してご説明します。オーク・テーブルは非常によく売れていますので、マホガニー・テーブルをコレクションに追加したいと思います。製作をお願いできますか？
B：我々はメーカーに多くのコンタクトがあるので、できる自信はあります。協力会社に連絡して、作業を開始するように依頼します。
A：年末商戦までに発売したいと思います。間に合わせられますか？
B：お任せください。できるだけのことをやってみます。

Vocabulary

addition（追加するもの）　range（範囲、域）　keen to do ...（〜する気がある）　manufacture（製造する）　confident（自信がある）　supplier（供給業者）

製造販売会議での重要表現

wrap up a meeting

（会議を終える）
会議の内容をまとめ上げて終わらせたい、というときに使います。「切り上げる」と訳してもよいでしょう。なお、類似表現に call it a day がありますが、こちらは「(その日の仕事を) 終わりにする」。

[例文] The meeting is getting too long. Let's **wrap it up**.
（ミーティングが長くなりすぎたので、ここで切り上げましょう）
It's almost 8 p.m. Let's **call it a day**.
（もう8時なので、今日はこれで終わりにしましょう）

be selling like hotcakes

（飛ぶように売れる）
17世紀、ホットケーキはお祭りでたいへん人気があり、次から次へと売れていったことがこのフレーズの由来と言われています。飛ぶようにホットケーキが舞う様をイメージすると覚えやすいですね。

We're keen to add 商品 to the collection.

（弊社はその商品をコレクションに追加したいと考えています）
keen は前向きな姿勢を表し「〜をしたがっている」「〜に乗り気だ」という意味で使われます。ここでは keen のあとに to 不定詞が続いていますが、「on ＋動名詞」が来る場合もあります。

[例文] To tell you the truth, I wasn't too **keen on** going to the party.
（正直なところ、私はそのパーティーにあまり行きたくなかった）

launch 商品 by + 期限

（〜までに〜を発売する）
周到な準備を行い、新商品を市場に出す、というプロセスが見えます。by と until は混同しやすいのですが、by は「期限」を、until は「期間」を表します。前者は「までに」、後者は「まで」と訳せばわかりやすいでしょう。

[例文] We'd like to launch it **by the holiday season**.
（年末商戦までに発売したい）
The holiday season lasts **until next Sunday**.
（年末商戦は来週の日曜日まで続く）

Jamie's advice こんな言い方もできます

1. turn to ...（〜へ話を持っていく）
💬 矛先を変えて話を進める場合に使います。

2. move on to ...（〜へ移る）
💬 それまでの議題は 100％検討しつくされ、新しい案件に進みます。

---

1. get the ball rolling（作業を開始する）
2. get the process started（作業を開始する）
3. kick off the process（作業を開始する）
💬 kick off は、1 と 2 よりもカジュアルな言い方です。

---

1. launch a product（製品を市場に出す）
💬 大々的に市場導入すること。

2. bring a product to market（製品を市場に出す）
💬 単純に市場導入する、という意味で、1 ほどは力が入っていない表現です。

---

1. meet a deadline（期限を守る）
2. stick to a schedule（スケジュールを遵守する）
💬 1 つだけに限らず、その期間内に発生する複数の作業工程の期限を包括的に守る、といった意味合いが含まれます。

> **Business Tips** 製造販売会議でのポイント

製造販売会議では、製造担当者が最新技術や生産能力などを報告し、販売担当者が世界各国での販売状況を説明して、お互いの理解を深めます。また、今後の経済状況や為替の推移などの予測も共有します。

その後、具体的な個々の商品の毎月の売り上げ実績に基づいた今後1年間の毎月の売り上げ予測の数字を販売から製造に示します。マクロの経済予測とミクロの商品情報を合わせて、最終的に毎月の生産台数を決めるわけです。

したがって、海外に駐在している販売担当者は、その国の経済状況、通貨変動そして政治状況などマクロ的な情報はきっちり理解していることが重要です。それに自社製品のセールスポイントやキャンペーン戦略などを織り込んで、販売予測を作成します。

それこそがマーケティング戦略そのものなのです。

> **English Tips**
>
> ### 英語の二重母音[ou]が、日本語では長母音「オー」に変化する
>
> 英語が外来語として日本語にたくさん入ってきています。私は面白い発見をしました。オリジナルの英語では二重母音だった言葉が、日本語になると長母音に変化してしまっているのです。[ou]は口を丸めて「オ」といった後「ゥ」を添えます。ですのでboatは正しくは「ボゥト」(二重母音)です。しかし、カタカナ英語では「ボート」と母音が伸びてしまっています(長母音)。これではbought(buyの過去形)に聞こえてしまいます。
>
> boat(英語では[bout]、日本語ではボート)
> coat(英語では[kout]、日本語ではコート)
> cold(英語では[kould]、日本語ではコールド)

ミーティング(Meetings)

02 デザイン会議
Design meeting

CHAPTER 2

TRACK 07

Dialogue　　　　　　　　　　　　　　A: マーケティング担当者　B: 商品企画担当者

A: Our premium amplifiers are selling well right now. They're a good value for the money, however we've received feedback that they're not compact enough.

B: OK. We need to go back to the drawing board and redesign them. We'll have a brainstorming session later today.

A: Try to think outside the box. We need innovative products in order to differentiate ourselves from our competitors.

B: We'll come up with some ideas and get a mock-up to you by the end of the week.

A：わが社の最高級アンプが現在よく売れています。お買い得ですが、サイズがあまりコンパクトでないという声も戻ってきています。
B：オーケー。最初から設計し直す必要がありますね。今日、後で検討会議を開きましょう。
A：既成概念にとらわれないで考えましょう。競合他社と差別化するために、革新的な製品が必要です。
B：アイデアを出して、今週末までにモックアップをお届けします。

Vocabulary

premium（最高級の）　amplifier（アンプ）　redesign（設計し直す）　innovative（革新的な）　in order to do ...（～するために）differentiate（差別化する）　mock-up（モックアップ、実物大模型）

42　社内編（In the office）

デザイン会議での重要表現

We've received feedback.

（反応が返ってきています）
消費者の反応をもとに、マーケティング戦略を改善します。なお、feedbackは数えられない名詞なので単数扱いです。

We need to go back to the drawing board.

（最初から設計し直す必要があります）
ある程度プロジェクトを進めたけれども、最初から見直す必要がある、という場合に使われます。類似表現に go back to basics（基本に戻る）がありますが、こちらは「基本に戻って大局的な観点から見直す」。また、「振り出しに戻る」は go back to square one。すごろくなど四角います目を用いる盤上ゲームが由来の慣用表現です。
[例文] We need to **go back to basics**.
　　　（基本に戻る必要があります）
　　　We should **go back to square one** and do more market research.
　　　（振り出しに戻って、市場調査からやり直すべきです）

a brainstorming session

（検討会議）
いろいろなアイデアを出し合って、最高の結論を導き出す会議のこと。日本語でも「ブレインストーミング」と言いますが、脳みそに嵐を吹かせるとイメージすればわかりやすいですね。また、brain を使った単語に、brainwash（洗脳）、brainchild（独創的な考え）、brainpower（知力）などがあります。

think outside the box

（既成概念にとらわれないで考える）
the box（その箱）を「既成概念」とイメージします。think outside the box はその箱の外に立って、ユニークかつクリエイティブなアイデアを思索することです。

Jamie's advice こんな言い方もできます

1. **They're a good value for the money.**（それはお買い得です）
   💬 どちらかというと、買い求めやすい値段の商品に対して使われることが多いのですが、もちろん高額な商品にも使えます。
2. **They're worth the price tag.**（値段通りの価値があります）
   💬 こちらは高価な商品に対して使う表現です。

---

1. **differentiate oneself**（差別化をはかる）
   💬 他社とは違うユニークなサービスや商品を提供する、という意味。
2. **make oneself stand out**（目立たせる）
   💬 サービスや製品のみに限らず、マーケティングや広告などの戦略にも使えます。

---

1. **come up with some ideas**（アイデアを出す）
   💬 「ひねり出す」というイメージ。
2. **think up some ideas**（アイデアを思いつく）
   💬 1と同じような意味ですが、こちらは「考え出す」や「思いつく」といったところです。

> Business Tips **デザイン会議でのポイント**

　黄金時代のソニーのデザイン会議。当時副社長だった大賀典雄氏が烈火のごとく立腹して、こうおっしゃいました。
「ボタンの種類が多すぎる。だから部品の数が何千種類にもなってしまっている。もっと整理して、少ない種類のデザインのボタンをあらゆるオーディオ機器に使うようにしろ！」そしてモックアップをテーブルから突き落としてしまいました。
　このようなデザイン会議を通じて、大賀氏から多くを学びました。
①デザイナーのエゴで、むやみやたらと違う形状の部品を使用すると、収拾がつかないほどの点数の部品を使うことになる。
②使い勝手を良くするため、無駄をそぎ落とすと、シンプルでいいデザインの製品が生まれる。
③同じデザインのグローバルモデルを世界各国で販売する。ローカルなニーズを取り入れた変更は最少に留める。

　世界中で売れているiPhoneなどを見ても、これらの精神が活きていると思います。

English Tips

長母音[ɔː]と二重母音[ou]を区別すると、英語がきれいになる

長母音と二重母音を含む2種類の単語を注意深く発音してみてください。特に二重母音をはっきり「オゥ」と発音すると、英語がきれいになって、上手に聞こえます。
I bought（ボート）a boat（ボゥト）.
I caught（コート）the ball. He put on his coat（コゥト）.
I called（コールド）him. It is cold（コゥルド）today.
law（ロー）low（ロゥ）
Paul（ポール）　pole（ポゥル）

CHAPTER 2

03 経営会議
Management meeting

TRACK 08

Dialogue　　　　　　　　　　A: 海外マーケティング本部長　B: アジア担当課長

A: First up on the agenda, let's discuss the last quarter's sales. Ms. Carter, why have the sales in the ASEAN region been so slow?

B: Several of our distribution centers were destroyed in a typhoon two months ago. The typhoon has also had a ripple effect on the economy, so business has come to a halt.

A: How long will it take to recover?

B: Thankfully, we're covered by insurance so we should get back to normal sooner rather than later, but we'll have to wait and see how the economy fares.

A：最初の議題として、直近の四半期の売り上げについて検討しよう。カーターさん、アセアン地域での売り上げが非常に不調だった理由は何ですか？
B：数カ所の物流センターが2カ月前の台風で被害を受けたのです。台風は経済全体に連鎖反応をも及ぼして、ビジネスが停止してしまいました。
A：回復するのに、どのくらいかかりますか？
B：幸い、保険で補償されるので、比較的早いうちに正常な状態に戻れると思います。しかし経済状態がどうなるかは、静観する必要があるでしょう。

Vocabulary

agenda（議題）　region（地域）　destroy（破壊する）　halt（停止）　thankfully（ありがたいことに）　fare（ことが運ぶ）

46　社内編（In the office）

経営会議での重要表現

the last quarter's sales

（直近の四半期の売り上げ）
「四半期ごとに変化する」は change from quarter to quarter、「四半期ごとの決算書」は quarterly statement。なお、last と latest はどちらも the most recent の意味を持っていますが、前者は「直近の」、後者は「最新の」。欧米の会社では四半期ごとに決算を行うのが普通です。

a ripple effect

（連鎖反応）
文脈によっては「波及効果」とも訳されます。類似表現に chain reaction がありますが、文字通り、数珠つながり的な反応のこと。また、イギリスには knock-on effect という単語があります。こちらは「将棋倒し」や「ドミノ効果」といった意味合いがピタリと当てはまります。

We're covered by insurance.

（保険で補償されています）
保険金が支払われるので安心だ、ということ。日本語でも「保険でカバーされている」と言うのでわかりやすいと思います。
[例文] You're fully **covered** for fire.
　　　（火災保険がすべて適用されます）

sooner rather than later

（比較的早く）
楽観的なスタンスによる、早さの見通しを伝えています。

We'll have to wait and see how the economy fares.

（経済状態がどうなるかは、静観する必要があるでしょう）
ダイアログでは、補償の話に触れたあと、経済の状態を「静観してみよう」と述べています。wait and see は自分の力ではどうすることもできないことに対して、「まあ、しばらく様子を見てみよう」といった具合に、物事の成り行きを静かに見守るときに使います。

Jamie's advice　こんな言い方もできます

---

1. **First up on the agenda**（最初の議題として）
   💬 内容はいい場合も、悪い場合もあります。
2. **Let's kick off with ...**（〜で幕を開ける）
   💬 もう少しカジュアルな言い方ですが、いい内容に関する場合が多いです。

---

1. **Sales have been slow.**（売り上げは不調でした）
   💬 経済全体の落ち込みにより、自社の売り上げが影響を受けていることが考えられます。
2. **Sales have been disappointing.**（売り上げはがっかりさせる結果でした）
   💬 努力不足によって売り上げが落ち込んでしまった、という背景が見え、ともすれば相手を非難しているかのようにも響きます。

---

1. **Business has come to a halt.**（ビジネスが停止してしまいました）
2. **Business has come to a standstill.**（ビジネスが停止してしまいました）
   💬 どちらも「停止した」ということですが、やや誇張が入った言い方で、実質的には販売がゼロになったのではなく、非常に低調だということ。
3. **Business has slowed right down.**（ビジネスが低調になってしまいました）
   💬 上の2つと比べると、さほど大げさな感じはないと言えるでしょう。

---

1. **We'll have to wait and see.**（とりあえず静観しよう）
2. **We'll have to play it by ear.**（成り行きに任せよう）
   💬 1よりもカジュアルな言い方。play it by ear の元々の意味は「即興で行う」で、「その場の状況に合わせて行う」と発想します。
3. **We'll have to take it as it comes.**（成り行きに任せよう）
   💬 2と同じ意味。

Business Tips 経営会議でのポイント

　アメリカの企業Ａ社の役員会議に出席したときのことです。ある取引先企業Ｂ社に貸し付けた数億円が使途不明金として消えてしまい、返済される可能性がほとんどないという状況が起きました。

　そのＡ社の社長とＢ社の社長が大学で同級生だったという個人的関係もからんで、デリケートな問題に発展していました。

　こういうときは、個人的な関係や友情は完璧に排除して、ビジネスだけの観点から判断することが重要です。Ａ社の社長を除いた我々役員だけで相談し、Ｂ社の社長を訴えることを決議しました。

　経営会議での最重要な基本的理念としては、まず合法的であること、次に株主の利益を守り増やすこと、３番目にはすべてのビジネス行為を開示することです。あらゆる経営の決定は、この３つの規範に照らし合わせて行われるべきものなのです。

English Tips

日本語の「や行」と、英語のy行の違い

日本語の「や行」は、や、ゆ、よの３つの音のみです。ところが英語には、ya, yu, yo に加えて、yi と ye の音があります。例えば、yi は yield、ye は yes などです（yield は [iː] と音を伸ばして発音します）。

ear [iər] 耳 – **y**ear [jiər] 年　　east [iːst] 東 – **y**east [jiːst] 酵母

ほとんどの日本人は、year の発音が ear になってしまっています。また、yeast の発音ができずに、east になってしまいます。

これをマスターするために、ya, yi, yu, ye, yo と、y の子音を母音の前に入れて発音練習してみてください。y の感触が口に残っているうちに、すかさず i の母音をくっつけて、year, yeast と発音するのがポイントです。

04 広告代理店との打ち合わせ
Briefing an advertising agency

TRACK 09

Dialogue　　A: マーケティング担当者　B: 広告代理店の担当者

A: Let's move on to our next point. What's the target market for our new line of skin care products?

B: Based on the information we gathered from our focus groups, we believe that the most profitable market is females in their 20's with an income of more than 3 million yen per year.

A: What's your media strategy?

B: We have a limited budget, so we want to concentrate on social media advertising. We understand that word of mouth online can play a large part in boosting sales.

A：次のポイントに移りましょう。わが社の新しいスキンケア製品のターゲット市場をどこに設定しますか？
B：フォーカスグループから得た情報によれば、最も利益の高い市場は、年収300万円以上の20代の女性たちです。
A：どんなメディア戦略を考えていますか？
B：予算に限りがあるので、ソーシャルメディア広告に集中したいと思います。オンラインの口コミが販売拡大に大きな役割を果たす可能性があります。

Vocabulary

brief（〜に概要を伝える）　gather from ...（〜から集める）　profitable（利益をもたらす）　income（収入）　per year（1年に）　media strategy（メディア戦略）　word of mouth（口コミ）　boost（促進する、強化する）

広告代理店との打ち合わせでの重要表現

the target market

(ターゲット市場)
商品を売りたい市場のこと。これに対して、the potential market は「潜在的市場」を指します。

new line of products

(新しい一連の製品群)
new **line** of products は、新しい一連の製品群(同一カテゴリーの製品群で、ダイアログでは化粧品)のこと。これに対して new **range** of products は、いろいろなカテゴリーの製品群を指し、家電メーカーであればカラーテレビやヘッドフォンといった感じです。

focus group

(フォーカスグループ)
ある特定の市場調査のために抽出された消費者グループのこと。得られたデータや結果を商品開発などに反映させる目的で行います。

word of mouth

(口コミ)
噂やインターネット上の書き込みなどが販売に及ぼす影響のことです。spread by word of mouth で「口コミで広がる」。ちなみに、go viral という表現はご存じですか。viral はウイルス(virus)の形容詞で、ウイルスが拡散するように「ネット上で情報が広まる」という意味です。
[例文] The product started selling like hotcakes after it **went viral**.
　　　(ネットで情報が広まったあと、その製品は飛ぶように売れ始めた)

play a large part in doing ...

(〜することに大きな役割を果たす)
いくつかの役割の中で特に大きな部分を占めるもので、かつその役割はポジティブで有機的に機能するものであることが考えられます。反対に、「小さな役割を果たす」は play a minor role in doing ...です。小さいけれども有益な役割である、または小さいがゆえにあまり役に立たない、という2つの意味があり、文脈によって変わります。

Jamie's advice こんな言い方もできます

1. **Let's move on to our next point.**（次のポイントに移りましょう）
2. **Next on the agenda**（次の議題ですが）
3. **Another point which I would like to talk about is …**（私がお伝えしたいもう１つのポイントは〜）
   💬 １と２はあらかじめ決めてある議題に沿って議論を進めていく場合で、３はこれまで話していた内容に追加して発言する場合に使います。

---

1. **We have a limited budget.**（限られた予算しかありません）
   💬 多くの選択肢の余裕がない。※肯定文ですが、ニュアンスは否定的
2. **We have a substantial budget.**（十分に予算があります）
   💬 可能な限りの選択肢を実行するだけの潤沢な予算がある。※とても肯定的

---

1. **We want to concentrate on social media advertising.**（ソーシャルメディア広告に集中したいと思います）
   💬 媒体活動に注力する、ということ。
2. **We want to concentrate our efforts on social media advertising.**（ソーシャルメディア広告に、より一層の努力を集中させたいと思います）
   💬 注力するべき媒体活動に、より一層の努力を込めるという意味で、１よりもさらに強い意志が感じられます。なお、concentrate の部分を focus（焦点を当てる）に入れ換えて使うこともできます。

Business Tips 広告代理店との打ち合わせでのポイント

　私は英国ソニーの販売部長として、イギリスの広告代理店に仕事を依頼する立場にいたことがありました。また世界最大の広告代理店 BBDO の特別顧問だったこともありました。つまり、クライアント側と広告代理店側の両方の立場を経験しました。

　こうした経験から得た、「クライアント企業と広告代理店が最高にうまくいく TIPS」をご伝授します。

　まずクライアント企業は、新製品情報、販売予測、ターゲット顧客層、市場での競合状況などを、3 カ月位前に広告代理店に知らせます。すると優秀な広告代理店は、これらの情報をもとにして市場調査を行い、メディアミックス、クリエイティブ戦略などを手際良く構築してくれます。

　このようなパートナー的ビジネス関係が、素晴らしい広告とヒット商品を生み出すのです。

English Tips

【juとdeu】同じ「ジュース」でも英語は違う

juice と deuce は、日本語ではどちらも「ジュース」と発音します。前者は飲むジュースで、後者はテニスで 40:40 の同点になる「ジュース」です。飲むジュースは、日本語と同様に「ジュース」[dʒuːs] と発音すれば、ほぼ正しいです。しかし、テニスでの「ジュース」[djuːs] は、アメリカ英語では「デュース」と発音します。プロデュースの「デュース」とか、露を表す dew「デュー」と同じ音です。

ミーティング（Meetings）

CHAPTER 2

05 弁護士との打ち合わせ
Meeting with a corporate lawyer

TRACK 10

Dialogue　　　　　　　　　　　　　A: 海外マーケティング部長　B: 顧問弁護士

A: We're looking to arrange a distributor agreement with an American company.

B: Let me explain the basic conditions. The minimum contract period is one year, which would be renewable automatically if both sides agree. You should also demand non-exclusive distributorship, in case you wish to do business with any other U.S. companies as well.

A: Would it also be a good idea to ask for payment up front?

B: Yes, I'd strongly recommend that, from both a security and a cash-flow point of view.

A：アメリカの会社とディストリビューター契約を交わそうと思っています。
B：基本的取引条件をご説明しましょう。最低契約期間は1年間で、双方が合意すれば、自動延長とします。他のアメリカ企業と取引を行う場合のために、非独占契約も要求すべきです。
A：前払いも要求するのは、いい考えですか？
B：はい。安全と資金繰りの両方から、強くお勧めします。

Vocabulary

look to do ...（～しようと思っている）　minimum（最小限の）　renewable（更新可能な）　automatically（自動的に）　as well（～も）※tooと同じ意味です　up front（前払いで）　security（安全）

54　社内編（In the office）

弁護士との打ち合わせでの重要表現

arrange a distributor agreement with ...

（ディストリビューター契約を交わす）
自社の子会社をまだ海外に作っていない場合、その国の第三者の会社に自社製品の卸販売を任せるときに交わす契約です。

the minimum contract period

（最低契約期間）
この種の契約では最低１年間、その後、双方に異論がなければ、自動延長されることが最も一般的です。minimum は「最小限の」、maximum は「最大限の」。
[例文] The **minimum** order is $30 for a personal purchase.
　　　（個人のお客様のご注文は、30 ドル以上から受け付けます）
　　　How can we get the **maximum** return from a minimum investment?
　　　（最小限の投資で最大の利益をもたらすには、どうすればよいでしょうか）

demand non-exclusive distributorship

（非独占契約を要求する）
自社の自由度を確保するために、独占権を相手に与えるのではなく、非独占契約に留めておくことは非常に重要です。接尾語の -ship は、職や技量などを表す抽象名詞を作ります。
[例文] partnership（パートナーシップ）
　　　ownership（所有権）

ask for payment up front

（前払いを要求する）
外国の会社と初めてビジネスをする場合、入金を確保するための最良の方法です。先払いに関する表現には down payment（分割払いの頭金）や deposit（敷金）などがあります。

cash-flow

（資金繰り）
入金と出金のやり繰りを指します。

Jamie's advice こんな言い方もできます

---

1. **basic conditions**（基本的条件）
2. **basic terms**（基本的条件）
   💬 basic terms and conditions（基本的諸条件）は、さらにフォーマルな言い方です。
3. **general terms and conditions**（一般諸条件）

---

1. **if both sides agree**（両者が合意するのであれば）
2. **if both sides are in agreement**（双方が合意に至るのであれば）
   💬 1 は一般的な言い方で、2 はそれよりもさらに正式な表現。

---

1. **do business with ...**（〜とビジネスをする）
   💬 証券、金融なども含むあらゆる種類のビジネスに使えます。
2. **trade with ...**（〜と取引をする）
   💬 商品を扱うときの表現ですが、国同士の貿易にも使われます。

---

1. **It would be a good idea to ask for payment up front.**
   （前払いを要求するのは、いい考えと言えるでしょう）
   💬 やや中立的な言い方です。
2. **It would be wise to ask for payment up front.**（前払いを要求するのは賢明です）
   💬 そうすべきだ、という強い意志が感じられます。
3. **It is strongly recommended that you ask for payment up front.**（前払いを要求することを強くお勧めします）
   💬 2 と同じ意味合いですが、非常にフォーマルです。

> Business Tips　弁護士との打ち合わせでのポイント

　墜落防止装置メーカーの藤井電工と、同業で世界最大のアメリカのキャピタル・セイフティ社との間で、ディストリビューター契約を交わすことになりました。これまでに、両社は一緒に仕事をやろうと当事者間で決めたのですが、諸条件を明確にして契約書にまとめる段階に来たのです。

　契約期間、取引通貨、支払条件、不良品が発生した場合の処理などを詳細にわたって国際弁護士に理解してもらい、それを契約書にしたためていきました。

　日本のメーカーが海外企業とディストリビューター契約を締結する場合は、最後に打ち切る場合の諸条件を明確にしておく必要があります。つまり、最終的に自社の販売会社を設立しようという場合に、必ずもめますから、そのディストリビューターとどうやって契約を解消するかについて、あらかじめ国際弁護士に明確な契約書を作成してもらうことが肝要です。

English Tips

【rの発音】rを見たら、wがあると思え

　rの音は、日本人にとって天敵とも言えるくらい難しいですよね。では、それを判別する方法をご伝授しましょう。rを見たら、その前にwがあると思って、w（ゥ）とおおげさに軽く発音してください。その後、舌を口の後方に持って行き、rを発音するとよいでしょう。

right, write ゥライト　ring ゥリング
rose ゥロウズ　road ゥロウド　rain ゥレイン

社内 編
In the office

CHAPTER

3

雑談
Chatting

01 家族について
Family

TRACK 11

Dialogue　　　　　　　　　　　　　　　A: と B: 親しい取引先

A: Hi Steve, it's been a while! It's so nice to see you. How are you and your wife doing?

B: We couldn't be better! I recently <u>got promoted</u> at work, but I still <u>find time for</u> golf on the weekends. My wife is working full-time and is also trying to start up her own beauty salon, so <u>she really has her work cut out for her.</u>

A: <u>I'll keep my fingers crossed for her!</u> How about your son?

B: He's still working in real estate. He also tied the knot last summer, so he's without a doubt the happiest he's ever been.

A：スティーブ、久しぶりね！　会えて嬉しいです。あなたと奥様はいかがお過ごしですか？
B：最高ですよ。職場で最近昇進したんです。でも、週末にゴルフをする時間はやりくりしていますよ。妻はフルタイムで働いていて、美容院も始めようとしているところです。だから仕事をたくさん抱えています。
A：うまくいくことを祈っていますよ。息子さんは？
B：まだ不動産業界の仕事をやっていますよ。彼は昨年の夏に結婚したので、幸福の絶頂なんです。

Vocabulary

get promoted（昇進する）　start up（開業する）　keep one's fingers crossed for + 人（〜のために幸運を祈る）　real estate（不動産）　without a doubt（間違いなく、疑いなく）

家族について雑談する際の重要表現

get promoted

（昇進する）
これとは反対に「格下げされる」は get demoted と言います。demote の de- は接頭語で down の意。欧米では仕事の出来栄えで昇進されます。年功序列ではありません。

find time for ...

（～の時間をやりくりする）
非常に忙しいけれども、好きなこと（または重要なこと）をするために時間を割くという意味で使われます。find から「何とか時間を見つけ出す」というニュアンスを拾うことができますね。

I'll keep my fingers crossed for ＋人.

（～がうまくいくことを祈っていますよ）
幸運を祈るとき、指を十字架のようにクロスするジェスチャーから生まれた表現です。I wish ＋人＋ good luck. と同義で、特別なプロジェクトなどの成功を祈る場合に使われます。

He's working in real estate.

（彼は不動産業界で働いている）
所属する業界を伝えるときは、work in ...を使います。また、「サラリーマンです」や「会社員です」のように通りいっぺんの自己紹介で済ませるのではなく、I work **as a banker**.（私は銀行員です）のように具体的に職種を述べます。

tie the knot

（結婚する）
非常にカジュアルな言い回しで、2本のひもで結び目を作ることにひっかけた表現です。

Jamie's advice　こんな言い方もできます

1. It's been a while.（久しぶりですね）
2. I haven't seen you in ages.（何年もお目にかかっていませんね）
　💬会えて大変嬉しい、という気持ちがこもった言い方です。日本人は Long time no see. を頻繁に用いますが、ビジネスシーンに関して言えば、ネイティブの人たちはそれほど使いません。

1. We couldn't be better.（最高だよ）
　💬これ以上に良くなりようもない（＝つまり最高だ）ということです。
2. We're doing fine.（まあまあです）

1. She really has her work cut out for her.（彼女は仕事をたくさん抱えています）
　💬 have one's work cut out for one は「大変な仕事を抱えている」という意味。でも何とかやりくりできるだろう、という推測を表します。
2. She really has a lot on her plate.（彼女はやることが多すぎるんです）
　💬うんざりしている、というネガティブな気持ち。

1. How about your son?（息子さんは？）
　💬最近どうしているのか、その人の調子を尋ねるときに使います。
2. What about your son?（息子さんは？）
　💬 1 と同じ意味ですが、ややカジュアル。直前に話していた内容から話題を変えるときにこう言ったりします。

Business Tips 雑談をする際のポイント

　ビジネスの会議が終わって、外国人の取引先の人と夕食を一緒に取りながらの会話は、日本人が最も苦手とするところです。そんなときにもまだビジネスの話をするのは野暮です。また、日本人は相手が話しかけてくるのを待っている傾向があります。
　そこで思い切って、あなたから次のように質問してみたらいかがでしょうか。
What are your hobbies?（あなたのご趣味は何ですか？）
Where do you usually go for summer vacation?（夏休みはいつもはどちらに行かれますか？）
　すると、相手の外国人はにっこり笑って話し始めるでしょう。

　家族についての話はパーソナルなことなので、初対面の場合は必ずしもふさわしい話題とは言えませんが、仲が良くなった相手となら話しやすいトピックです。
Do you have any children? How old are they?（お子さんはおられますか？　おいくつですか？）

English Tips

【lの発音】日本語のら行で発音した後、舌を上の歯の裏につけて

日本語で「らりるれろ」と発音した後、舌をほんの少し前にずらして、上の歯の裏にくっつけて「らりるれろ」と発音すれば、完璧なlの音になります。ローマ字では日本語の「ら行」をrで表記しますが、rはw（ゥ）をくっつける音に近いので、rでなくlにすべきだったと思います。
次の2種類の単語を発音してみましょう。
light ライト – right ゥライト　　lane レイン – rain ゥレイン
long ロング – wrong ゥロング　　lice ライス – rice ゥライス
led レッド – red ゥレッド

02 世界情勢について
Current events

TRACK 12

Dialogue　　　A: 外国人ビジネスパーソン　B: 日本人ビジネスパーソン

A: What's the situation in East Asia at the moment?
B: Not so good. North Korea is in a mess, and Japan still has a longstanding border dispute with China over the Senkaku Islands. That's just the tip of the iceberg.
A: Many countries around the world are going through tough times right now. I wonder how long it'll take to resolve these problems.
B: Your guess is as good as mine. We should feel lucky that we're able to lead a normal and peaceful life here.

A：現在、東アジア情勢はどんな状況ですか？
B：あまり良くありません。北朝鮮は混乱しているし、日本は中国と尖閣諸島に関して長期間国境紛争を抱えています。それはほんの氷山の一角です。
A：世界中の多くの国々が現在難しい状況にあります。こうした問題を解決するのに、時間がどのくらいかかるんでしょうか。
B：私にもわかりません。私たちはこの国で普通の平和な生活ができることを、幸運だと思うべきでしょう。

Vocabulary

in a mess（混乱して）　longstanding（長期間の）　border dispute（国境紛争）　the tip of the iceberg（氷山の一角）　resolve（解決する）　peaceful（平和な）

世界情勢について雑談する際の重要表現

What's the situation in + 国・地域？

(〜の情勢はどうなっていますか)
国や地域など、最新の情勢について知りたいとき、このように質問します。

in a mess

(混乱して)
国または組織内で収拾がつかず、それにより混乱や不安が起きている状態です。類語に confusion や turmoil がありますが、anxiety（不安）の度合いは mess → confusion → turmoil の順に強くなります。
[例文] The economy is **in a mess**.
（経済が混乱状態だ）
The **confusion** was caused by the new economic policy.
（新しい経済政策により、混乱が引き起こされた）

a border dispute with + 国 over ...

(〜［国］との〜に関する国境紛争)
with のあとに国名が続き、over のあとに具体的な問題を述べます。どの国とどのような問題を抱えているのかを、明確に伝えることができます。

be going through tough times

(難しい状況にある)
go through は、「大変なことやつらいことを通過する」と解釈します。その体験を強いられるのは、人だけでなく国や組織でもあります。
[例文] After the two countries **went through** the negotiations, they reached an agreement.
（その二国は交渉のあと、合意に達した）

💬 Jamie's advice　こんな言い方もできます

---

1. Not so good.（あまり良くありません）
2. Not great.（良くありません）
　💬日本人は So-so.（まあまあです）をよく使いますが、英語圏の人たちは It's fine. や It's OK. と言います。so-so は「まあまあいい」と「あまり良くない」の 2 つの意味があります。

---

1. resolve these problems（これらの問題を解決する）
　💬フォーマルな言い方です。
2. sort out these problems（これらの問題を何とかする）
　💬 1 よりもカジュアル。sort out は「取りまとめる」。

---

1. Your guess is as good as mine.（私にもわかりません）
2. I have no idea.（見当もつきません）
3. Beats me.（知るもんか、さあね）
　💬とてもカジュアルな口語表現です。It beats me. とも言います。

---

1. We should feel lucky.（私たちは幸運だと思うべきです）
2. We should be grateful.（私たちはありがたく思うべきです）
　💬丁寧な言い方。grateful を great（すごい）の派生語だと思っている人がいるようですが、grate と great は発音が同じなれど意味は違います。

社内編（In the office）

Business Tips 世界情勢について雑談する際のポイント

　私は毎日 CNN のニュースを観るようにしています。日本のテレビでは観られないニュースが報道されていることが多いのです。

①不必要な主観的な意見を入れない中立な観点からのレポートが得られる。
②欧米に加えて、イスラエル、シリア、イラン、イラクなどの情報が多い。日本のメディアではこうした報道が少ない。
③アメリカの複雑な人種問題がひしひしと伝わってくる。
④世界のリーダーとの直接のインタビューが聞ける。
⑤キリスト教とイスラム教の摩擦、カトリックとプロテスタントの摩擦などへの理解が深まる。
⑥世界におけるユダヤ人の影響力がわかる。

　これらを踏まえて、世界情勢を理解し日本の立場を考え、自分の意見を構築して発言してみてください。

English Tips

【l の発音】l が最後に来る言葉は、舌を前歯の裏に

tail を「テイル」のように、最後に「ル」と発音するのは間違いです。語尾の l の発音は、上前歯の後ろに舌先を持っていくことを意識しましょう。そうすると、l は**ウ**または**ユ**のように聞こえます。
tail テイユ　fail フェイユ　tell テウ　feel フィーウ　kneel ニーウ
meal ミーウ　pale ペイウ　file ファイウ　pool プーウ

雑談（Chatting）　67

03 世界経済について
World economy

Dialogue A: 外国人ビジネスパーソン　B: 日本人ビジネスパーソン

A: How is the economy in Japan coming along, after the bottom fell out of the market last year?

B: Thanks to the government's aggressive economic policy, the stock market has gone up by more than 100% since the collapse.

A: Our economy in the U.S. is also booming right now. The government got rid of a lot of red tape and deregulated the financial sector, so it's to be expected.

B: It seems like our governments' drastic policies are paying off.

A：昨年、市場が底割れしてから、日本経済はどんな感じですか？
B：政府の積極的な経済政策のおかげで、株式市場は暴落から100％以上も上昇しました。
A：アメリカ経済も現在、活況を呈しています。政府が多くの手続きを除去して、金融業界の規制緩和を行ったので、当然の結果でしょう。
B：我々の政府の抜本的な政策が功を奏し始めているようですね。

Vocabulary

come along（うまく進む）　aggressive（積極的な）　economic policy（経済政策）　collapse（暴落）　boom（にわかに景気づく）　sector（部門）　drastic（抜本的な）

世界経済について雑談する際の重要表現

The bottom fell out of the market.

(市場が底割れした)
経済が大幅に、突然崩壊するという危機的状況を言います。bottom は「底値」で、ここが"落ちる"わけですから「底割れ」に。

The stock market has gone up.

(株式市場が上昇した)
go up は文字通り「上昇する」ですが、ここでは経済が復活するにつれ、株式市場も「明るさを取り戻している」と読み取ります。

get rid of red tape

(不必要なものを取り除く)
red tape は不必要、かつやっかいな手続きの意味で用いられ、日本語で言うところの「お役所仕事」に相当します。17世紀に公文書を束ねていた赤い紐に由来していると言われています。日本の官僚制度には、今でも多くの red tape が残っていますね。
[例文] We fear that this new law will just create more **red tape**.
（この新法案は、やっかいな仕事を余計に増やすだけだと思う）

deregulate the financial sector

(金融緩和を行う)
外国からの投資を自由化したり、金利の設定を緩やかにしたりするということです。deregulate の de- は接頭語で動詞の頭につき、反対の意味を表します。
[例文] de + regulate（規制する）⇒ deregulate（緩和する）
　　　de + activate（活性化する）⇒ deactivate（無力化する）

Jamie's advice　こんな言い方もできます

---

1. **How is the economy coming along?**（経済はどんな感じですか）
   💬 come along は「うまく進む」。
2. **How is the economy doing?**（経済はどうですか）
3. **How is the economy faring?**（経済の状態はいかがですか）
   💬フォーマルな言い方です。fare は「ことが運ぶ」という意味の動詞で、たいてい well や badly など様態を表す副詞を伴います。
   （例）His enterprise fared well.（彼の事業はうまくいった）

---

1. **The economy is booming.**（経済は活況を呈しています）
   💬これまでの経済が良かったか、悪かったかは判別できません。
2. **The economy is picking up.**（経済は上向きです）
   💬悪かった経済が上昇に転じています。

---

1. **It's to be expected.**（当然の結果です）
   💬想定内の結果について。
2. **It isn't surprising.**（驚くに値しません）
   💬「まあ、そういうこともありますね」という軽い感じの返答です。

---

1. **Our policies are paying off.**（政策努力が報われつつあります）
   💬 pay off は、それまで尽くして打ち込んできたことが「実を結ぶ」「報われる」という意味で使われます。
2. **Our policies are yielding good results.**（政策努力が良い結果を生みつつあります）
   💬フォーマルな言い方です。yield は「生み出す」。

> **Business Tips** 世界経済について雑談する際のポイント

　経済の話題は、ビジネスの会話の中で頻繁に出てきます。ドル、ユーロ、円の為替レートやニューヨーク、ロンドン、東京の株式市場や金や原油価格など、重要な経済のデータは毎日フォローして、暗記できるくらいになっておきましょう。

　日本人としては、日本経済の状況を的確に把握しておく必要があります。アベノミクスの効果で 2012 年末に 70 円台だった米ドルが、2 年で 120 円以上に急上昇しました。それにつれて、東京株式市場も 9,000 円台から 20,000 円を超えるまでに上昇したことなどは常識です。

　またアメリカ経済にも精通しておきたいものです。アメリカの経済が上昇すると、金利も上昇します。日米の金利差で、円安傾向が強まります。その見通しにしたがって、ドル買いの FX 投資をするのもいいでしょう。

　これらの数字を常に頭に置き、次に自分の意見を交えて発言できるようになることが重要です。

> **English Tips**
>
> ### 【shとsの発音】シーとスィーとで大違い
>
> sh（シ）と s（スィ）の区別がつかない人が時々いますね。sh は唇を丸めて発音します。歯の間から空気が漏れる、蛇のような音です。s では、上の歯が降りてきて、その空気の漏れる音がややこもる感じになります。
> **Sh**e **s**ees a **sh**ip on the **s**ea. シー・スィーズ・ア・シップ・オン・ザ・スィー
> Please **s**it スィット down.（shit シットと言わないこと！）
> I fitted a **sh**eet シート onto my bed.
> Please take a **s**eat スィート．

雑談（Chatting）

CHAPTER 3

04 日本の政治について
Politics in Japan

TRACK 14

Dialogue   A: 外国人ビジネスパーソン　B: 日本人ビジネスパーソン

A: How is the political scene in Japan?
B: The LDP, or Liberal Democratic Party, is very popular at the moment. They've boosted the economy significantly and slashed unemployment over the past 18 months.
A: You seem to be enjoying a return to your "halcyon days." What about your foreign policy?
B: It's more difficult than before with all the border issues with Russia, South Korea and China. However, it would be better for business if we had a stable relationship with them.

A：日本の政界はどんな具合ですか？
B：自民党が現在大変人気があります。過去18カ月で、経済を大幅に立て直して、失業を削減しました。
A：平穏で幸福な日々を送っているようですね。外交政策はどうですか？
B：ロシア、韓国、中国などとの国境問題で、以前よりも難しくなっています。しかし、彼らと安定した関係があれば、ビジネスにはもっといいのですが。

Vocabulary

LDP（自民党 = Liberal Democratic Party）　boost（促進する）　significantly（著しく）　halcyon days（平穏で幸福な日々）※ギリシャ神話に登場するアルキュオーンが、冬至前後の穏やかな頃に卵をかえしたことから　border issue（国境問題）　stable（安定した）

72　社内編（In the office）

日本の政治について雑談する際の重要表現

the political scene

（政界）
scene は社会の中の限られた属性を表し、arts scene（美術界）や music scene（音楽界）といった言葉を作ります。また、共通の興味や目的で集まった団体（または仲間）は circle（サークル）です。the family circle は「身内」のこと。

boost the economy

（経済を立て直す）
boost は「迅速に改善する」という意味です。ダイアログでは、経済を大幅に立て直したとありますが、それと同時に速やかに行われたことがわかります。

foreign policy

（外交政策）
"... policy" は「〜政策」。fiscal policy（財政政策）や defense policy（防衛政策）などは、ニュースでもよく耳にする単語ですね。ちなみに、foreign policy（外交政策）は、他国とのかかわりにおける政治的戦略である一方、foreign affairs（外交問題）は、公益や海外事情に関する諸問題です。

the border issues with ...

（〜との国境問題）
p.65 で出てきた a border dispute（国境紛争）と関連した語句で、国際問題を話題にするときによく使われます。なお、issue は「問題」と訳されることが多いですが、厳密には"問題点"であり、「論点」や「争点」のことを言います。
[例文] political **issues**（政治の問題点）
　　　 ethnic **issues**（民族問題）

Jamie's advice こんな言い方もできます

1. **How is the political scene in Japan?**（日本の政界はどんな具合ですか？）
2. **What is the political scene like in Japan?**（日本の政界はどんな感じですか？）
   💬 日本人が Tell me about the political scene in your country.（あなたの国の政界について教えて）と言っているのを耳にすることがありますが、これでは教えてくれと命令しているみたいなものです。必ず、Will you tell me …? と質問しましょう。

---

1. **slash unemployment**（失業を削減する）
   💬 「大幅に」減らす、という意味合いです。
2. **cut unemployment**（失業を削減する）
   💬 こちらは大幅な場合のみとは限りません。

---

1. **have a stable relationship**（安定した関係を持つ）
   💬 他国との関係を表現するのに使う表現。
2. **have an unstable relationship**（不安定な関係を持つ）
   💬 unstable（不安定な）は上記の stable（安定した）の反対語です。
3. **have a volatile relationship**（流動的な関係を持つ）
   💬 volatile は「変わりやすい」という意味で、関係が悪化しかねない状態のときに使われます。▸ volatile はネガティブなニュアンスを持つ単語で、否定的な文脈で使われます。

Business Tips 日本の政治について雑談する際のポイント

　外国人との会話の中で、「日本の政治」について尋ねられることは時々あります。そんな時のために、日常から政治に関心を持ち、情報を仕入れておくことが肝要です。

　まず日本にとって最も重要な同盟国であるアメリカとの関係や安保条約、沖縄の基地移転問題など、詳細に知っておく必要があります。

　そして、北朝鮮のミサイル発射や核実験に関する情報を咀嚼して、自分の意見を作っておくことも大切です。

　さらに中国と尖閣諸島、韓国と竹島、ロシアと北方四島に関する国境問題を的確に理解して、自分の意見を構築しておくことをお勧めします。

　日本だけを考えるのではなく、世界の中の一部として日本をとらえて、グローバルな観点から考えたり、発言したりすることが重要なのです。

English Tips

【複数形】日本人が克服困難な牙城、複数形

何年英語を勉強しても、日本人が克服するのが難しいものの1つが、複数形です。

日本語は単数も複数も同じ形です。英語での複数にはsをつけると習いましたが、例外がいくつもあるのです。

たくさん情報があるから、informations だろうと思うと、間違い。「助言をたくさんありがとう」だから Many thanks for many advices. と言うと、これも間違い。学生時代、僕はいろいろなことに好奇心旺盛だったので、I have many curiosities と言ったら、笑われました。こうした言葉は常に information, advice, curiosity と単数形で使われるのです。

雑談（Chatting）

社内編 In the office

CHAPTER

4

報・連・相

Reporting, contacting, and consulting

01 出張報告
Reporting back on an overseas trip

TRACK 15

Dialogue　　　　　　　　　　　　　　　　　　　　A: 上司　B: 部下

A: How was your trip to London? Did you have a productive meeting with Thames Audio?
B: Yes, we managed to make the most of our short time together. I met with their president, Mr. Thomas, at their headquarters. He was very enthusiastic about exporting their products to Japan, given the current economic climate.
A: I'm not surprised. How was the quality of their earphones?
B: I was very impressed. I'm sure that they'll take off in Japan.

A：ロンドン出張はどうでしたか？　テームズオーディオとは生産的な会議ができましたか？
B：はい、一緒にいた時間を最大限に活用することができました。本社でトーマス社長にお目にかかりました。彼は現在の日本経済の状態を考えて、自社製品を日本に輸出することに非常に意欲を燃やしていました。
A：そうでしょうね。彼らのイアフォンの品質はどうでしたか？
B：大変いい印象を受けました。日本で人気が出ると確信しています。

Vocabulary

productive（生産的な）　manage to do ...（何とか〜する）　headquarters（本社）　current（現在の）
climate（状況、環境）　quality（品質）　be impressed（感銘を受ける）

78　社内編（In the office）

出張報告の際の重要表現

make the most of ...

（最大限に活用する）
チャンスや機会、資金や時間など、与えられたもの余すところなく有益に使うという意味。...の部分には、ダイアログで使われている time（時間）の他、advantage（利点）や capital（資本）、または technology（技術）などが入ります。

enthusiastic about doing ...

（～に熱意を燃やして）
「やる気に満ちて」「燃えて」といった具合に、大変前向きで情熱に満ちた表現です。make a desperate effort on ...（～に躍起である）も便利な表現なので、知っておくとよいでしょう。
[例文] He is **enthusiastic about** setting up a new business.
（彼は新規事業の立ち上げに熱意を燃やしている）
He is **making a desperate effort on** setting up a new business.
（彼は新規事業の立ち上げに躍起だ）

the current economic climate

（現在の経済状況）
climate の原義は「気候」ですが"移ろうもの"と解釈するところから、「気質」や「環境」、または「状況」としても使われます。なお、present climate は「現況」のことで、活況と停滞を天候に重ねてみると、その語の持つ意味が見えてきますね。
[例文] economic **climate**（経済状態）
business **climate**（ビジネスの動向）

I'm sure that they'll take off in Japan.

（日本で人気が出ると確信しています）
それらの製品は必ずや「売れ出すでしょう」と言っています。take off には「軌道に乗る」という意味があり、何かの"始まり"に力点が置かれた表現です。

報・連・相（Reporting, contacting, and consulting）

Jamie's advice　こんな言い方もできます

---

1. **Did you have a productive meeting?**（生産的な会議でしたか）
   💬「新しい展開や改善点などがあったかどうか」を尋ねています。
2. **Did you have a successful meeting?**（会議はうまくいきましたか）
   💬「明確な目標等が達成されたかどうかを知りたい」と言っています。
3. **Did the meeting go smoothly?**（会議は順調に進みましたか）
   💬「合意できない点などがあったかどうか」を確認しています。

---

1. **Given the current economic climate**（現在の経済状況を見れば）
   💬中立的な言い方で、経済が良い場合と悪い場合の両方に対して使われます。
2. **Given the current state of the economy**（現在の経済の状況を考慮すれば）
   💬こう言ったとき、経済状況が良くない場合が想定されます。

---

1. **They'll take off in Japan.**（日本で人気が出るでしょう）
   💬「これから人気が出る」「売れ出す」という意味。
2. **They'll be a best-seller in Japan.**（日本でベストセラーになるでしょう）
   💬「競合他社よりも売れるだろう」ということ。
3. **They'll be a huge hit in Japan.**（日本で大ヒットするでしょう）
   💬カジュアルな言い方です。類似表現に big hit がありますが、こちらは「ヒット商品」や「大当たり」です。

Business Tips 出張報告でのポイント

　海外出張から戻って報告書を提出する際は、出張の成果や結論を簡潔に報告することが最重要です。A4サイズで1枚にまとめれば、上司の時間も無駄にすることがありません。

　出張で訪問した企業との提携関係をどのように展開させていくのがよいか、あなたの戦略、プランを説明します。

　上司がそれ以上の詳細を聞きたい場合は質問をしてくるでしょうから、そこからじっくりと説明しましょう。

　そして最後に経理報告書を添付すれば、完璧です。

　外国に出張した場合は、上司や同僚にプレゼントをさりげなく手渡すのもいいアイデアです。報告する相手の趣味にしたがって、日本では販売されていないアールグレイの紅茶や、セントアンドリュースのような有名なゴルフコースの帽子といった、気の利いて品の良いものを選びましょう。

English Tips

【oの発音】Johnは、アメリカでは「ジャーン」、イギリスでは「ジョン」

初めてアメリカのハイスクールに留学したときに驚いたのは、この発音でした。男性の友人Johnのことを、みんな「ジャーン」と呼んでいたのです。このア [ɑ] の音がアメリカではoの発音なのです。[ɑ] は口を大きく開けて、のどの奥から「ア」と発音します。

例：cod カッド　cot カット　fox ファックス　not ナット
　　pot パット　spot スパット　lot ラット　Tod タッド

報・連・相（Reporting, contacting, and consulting）

CHAPTER 4

02 業務引き継ぎ
Handing material over to one's successor

TRACK 16

Dialogue　　　　　　　　　　　A: 退職する上司　B: 彼の業務を引き継ぐ部下

A: I'd like to give you this comprehensive list of our current customers.

B: Thank you for having confidence in me and for giving me this opportunity. I'm sure that this list will prove to be very valuable. It's much better than starting from scratch.

A: If it's OK with you, I'd like to introduce you to the most important contacts in person.

B: Great! It would be an honor to get to know them personally.

A：現在のお得意先の総合的なリストを、あなたに差し上げたい。
B：私を信頼してくださり、チャンスを与えていただいたことに感謝いたします。このリストが非常に重要になると確信しています。ゼロから始めるよりも、はるかにいいです。
A：もしもよければ、最も重要な人物を個人的にあなたに紹介しますよ。
B：嬉しいです！　彼らと個人的にお近づきになれるのは、名誉なことですから。

Vocabulary

comprehensive（総合的な）　prove to be ...（～であることがわかる）　valuable（価値がある、重要な）　start from scratch（ゼロから始める）　contact（有力な知人）　personally（個人的に）

82　社内編（In the office）

業務引き継ぎの際の重要表現

a comprehensive list of …

(〜の総合的なリスト)
全顧客の情報が網羅されたリストのこと。comprehensive は一般的に「包括的な」と訳されますが、"全体を包み込んだ" というコアのコンセプトを覚えておいてください。
[例文] a **comprehensive** review of …（〜の総合的なレビュー）
　　　a **comprehensive** information of …（〜の総合的な情報）

Thank you for having confidence in me.

(私を信頼してくださり、ありがとうございます)
直訳すると、「私の中に信頼を見出してくれてありがとう」です。謙虚な姿勢で信頼の念に対する感謝の気持ちを表しています。信頼関係はビジネスのみならず、健全な人間関係の構築に欠かすことのできない、最も重要なファクターです。つまり、このような英語表現を学ぶということは、クライアントとのより良いパートナーシップを構築するための、原則的なプロセスと言えるでしょう。

prove to be …

(〜となる)
きっとそうなるだろうという話者の見解があり、より主観的な判断に基づいた主張が示されています。なお、prove のもともとの意味は「証明する」。
[例文] The merger will **prove to be** our mutual advantage.
　　　（合併は双方にとってきっと有益なものとなるでしょう）

start from scratch

(ゼロから始める)
まったく何もない状態（まっさらな状態）から始める、ということ。

Jamie's advice こんな言い方もできます

1. **give you a list**（あなたにリストを渡す）
   最も一般的な言い方です。渡すものが貴重な場合もありますし、そうではない場合もあります。
2. **entrust you with a list**（あなたにリストを託す）
   渡されたリストが非常に貴重な場合に使います。entrust の en- は接頭語で、名詞や形容詞の前について動詞を作ります。（例）en+danger（危険にする）

---

1. **Thank you for giving me this opportunity.**（この機会をいただき、ありがたく思います）
2. **Thank you for giving me a shot.**（チャンスをくれて、ありがとう）
   カジュアルな言い方です。

---

1. **introduce A to B in person**（A さんを B さんに直接紹介する）
   in person は「じかに」。
2. **introduce A to B face-to-face**（A さんを B さんに対面で紹介する）
   本人同士が同席している場合に使います。

---

1. **It would be an honor to get to know them.**（彼らと知り合えて光栄です）
   自分よりもはるかに役職の高い人に対して使う表現で、とてもフォーマルな言い方です。
2. **I'd be delighted to get to know them.**（彼らと知り合いになれたら嬉しいです）
   一般的な言い方です。
3. **I'd be made up to get to know them.**（彼らと知り合えたらいいな）
   イギリスのスラング表現です。

> **Business Tips** 業務引き継ぎでのポイント

　私は英国ソニーの販売部長を何年か務めた後、日本へ帰任になりました。当時のイギリス人社長の意向で、私の業務を細分化して、複数のマネジャーたちに引き継ぐことになりました。

①商品別月別の販売予測の作成を複数のプロダクトマネジャーに。
②販促活動などマーケティング業務は広告マネジャーに。
③毎月の販売計画の実行、各営業担当への売上ノルマ提示と実績精査、特別販売プロモーションの立案と実施などは、セールスマネジャーたちに。

　最も難しかったのは、①の商品別月別の販売予測を作成するノウハウの引き継ぎでした。9年間ソニー製品をイギリスで販売してきた私の経験、商品力や競合他社に関する知識、販売店との親密な関係などが混然一体として加味された結果、毎月の予測台数が出てくるのです。ましてや、プロダクトマネジャーたちは他の業界からスカウトされてきたイギリス人ばかりで、業界知識ゼロ。
　それでも会社というものは継続していかなければなりません。業務引き継ぎとは、重要かつ複雑なものなのです。

English Tips

【語尾のn】単語の最後にあるnは、「ヌ」をつけるつもりで

n の音は、舌先を上の歯茎にあてて「(ン)ヌ」と発音します。しかし、「缶」(カン)などは、単語を言い終えるとき、舌先が歯茎にあたっていません。この要領で fine を読んでしまうと、本来の英語の音とは違うものになってしまいます。英語の「ン」に「ヌ」をつけるつもりで発音しましょう。

例：fine ファイン(ヌ)　pine パイン(ヌ)　rain レイン(ヌ)　sun サン(ヌ)
　　can キャン(ヌ)　run ラン(ヌ)　Anne アン(ヌ)　done ダン(ヌ)
　　pin ピン(ヌ)

報・連・相（Reporting, contacting, and consulting）

03 営業ノウハウ伝達
Passing on sales know-how

Dialogue A: 上司の業務を引き継ぐ部下　B: 異動になる上司

A: Mr. Jones, we're going to miss you when you change departments. I have no idea how I'm going to match your achievements in this role.
B: Suzanna, I'll show you the ropes before I leave. Feel free to get in touch at any time, until you find your feet in your new position.
A: Do you have any advice on how to deal with our clients?
B: Nowadays we have emails and the Internet, but nothing compares to discussing important issues in person. When it really matters, make sure you go talk to your clients face-to-face.

A：ジョーンズさん、部署を代わられたら、寂しくなります。この仕事を引き継いだら、あなたの実績にどうやって近づくことができるか、まったくわかりません。
B：スザンナ、私が去る前に、コツを教えてあげますよ。新しい役職に慣れるまで、いつでも気軽に連絡してくださいね。
A：お得意先との付き合い方についてアドバイスはありますか？
B：現在ではEメールもインターネットもあるけれど、重要な案件は実際に会って話し合うことが最良の方法です。本当に重要なときは、必ずお得意先と面と向かって話しに行くようにしなさい。

Vocabulary

match（〜に見合う）　achievement（実績）　ropes（コツ、要領）　get in touch（連絡する）
find one's feet（新しい環境に慣れる）　nowadays（現在）　face-to-face（面と向かって）

営業ノウハウ伝達の際の重要表現

I have no idea.

(わかりません)
同じ「わかりません」でも I have no idea と I don't know. では話者の視点が異なります。I have no idea. は「見当がつかない」(= 考えたけれどもわからない)、I don't know. は「知らない」(= 知識を持ち合わせていない) です。また、I don't know. は相手を突き放しているようにも聞こえます。

[例文] **I have no idea** about where he went.
(彼がどこに行ったのか見当がつきません)
I don't know where he went.
(彼がどこに行ったのか知らないよ)

deal with one's clients

deal with は人や事柄の両方に使えます。その場合、前者は「〜とお付き合いをする」、後者は「〜を取り扱う」といった意味になります。

When it really matters

(本当に重要なときは)
念押しの表現で、補足が続きます。類似表現に When it comes to ... (〜について言えば) がありますが、こちらは重要な案件にかかわらず使える表現で、これまでの話題の流れを汲みつつ、次の展開に進める際に使います。

[例文] **When it really matters**, Rick will always come through for us.
(本当に必要なときは、リックはいつでも頑張ってくれる)
※情報の補足
When it comes to advertising, there's a small firm in Ginza that does an excellent job on a small budget.
(広告で言えば、銀座の小さな会社が低予算でいい仕事をしてくれるよ)
※新情報の提供

Jamie's advice こんな言い方もできます

> 1. **I'll show you the ropes before I leave.**（私が退職する前に、コツを教えてあげましょう）
>   💬 友好的な態度。▶ 帆船をうまく操縦するために、船頭がロープの結び方を船員に教えたことから生まれた表現と言われています。
> 2. **I'll brief you on the standard procedures before I leave.**（私が退職する前に、一通りの手続きを説明します）
>   💬 あくまで標準的な手順を伝えているだけです。

> 1. **Feel free to get in touch at any time.**（いつでも連絡ちょうだい）
>   💬 カジュアルな言い方で、友達や仲間内で使うのが一般的です。
> 2. **Drop me a line.**（お手紙くださいね）
>   💬 やや古風な響きを持った表現で、「一筆したためる」というニュアンスに近いと言えるでしょう。
> 3. **Please don't hesitate to contact me.**（お気兼ねなくご連絡ください）
>   💬 フォーマルな言い方で、ビジネスのみ。特に書面でよく使われます。

> 1. **Nothing compares to discussing important issues in person.**（重要な案件は面と向かって相談するのが一番です）
>   💬 友好的なアドバイス。Nothing compares to doing ...は「〜するに勝るものはない」。
> 2. **It's advisable to discuss important issues in person.**（重要な案件は個人的に相談することが望ましいです）
>   💬 フォーマルな場面で使われますが、ときに押しつけがましく聞こえます。
> 3. **Nothing beats discussing important issues in person.**（大切なことは面と向かって相談するに限りますよ）
>   💬 客観的な事実はともかく、個人的な意見を述べています。

Business Tips 営業ノウハウの伝達でのポイント

　引き継ぎの際は、取引先の癖や傾向を教えてもらうと非常に役に立ちます。

A社：売り上げ予測は強気だが、実際の仕入れは保守的で、手持ちの在庫は持たない傾向。
B社：値引きで勝負するのではなく、しっかりしたブランディング戦略を展開し、いいイメージ、サービスなどを提供する。その結果、割高の値段でもお客様がついてきてくれている。
C社：支払いが遅れる傾向がある。したがって、多くの商品を押し付けるのではなく、必要最小の数を仕入れてもらうようにする。
D社：自社だけに独占的にいい条件で商品が仕入れることができるとなると、非常に興味を示してくれる。不良在庫がたまったら、まずはここにアプローチしてみる。

　このような情報を引き継ぐと、それ以後のビジネスが非常にやりやすくなります。

English Tips

【語尾のng】単語の最後にngがある場合、「ン（グ）」と発音する

日本人は ng [ŋ] を発音することを省略してしまいがちです。日本語では「ン」の後にすぐさま「グ」を続ける二字一音（2文字で1音扱い）の子音がないため、「ン」だけで終わってしまいがちです。[ŋ] は、舌の後ろを上あごにつけて「ン（グ）」と言います。鼻音なので鼻から音を抜かします。
being ビーイン（グ）　coming カミン（グ）　going ゴーイン（グ）
Hong Kong ホン（グ）コン（グ）　King Kong キン（グ）コン（グ）
painting ペインティン（グ）

報・連・相（Reporting, contacting, and consulting）

社内 編
In the office

CHAPTER

5

トラブル
Encountering difficulties

CHAPTER 5

01 オフィス機器の故障
Broken down equipment

TRACK 18

Dialogue　　　　　　　　　　　　　　　　　　　　A: 総務部員　B: 営業部員

A: Sorry, our color printers are all out of order today.
B: That must be bad for business! What time do you think they will be fixed?
A: We've sent for an engineer, so it shouldn't take too long. We're hoping to have them fixed by 5 p.m. In the meantime, you can still use the black and white printers.
B: I'll come back later, then. My printing isn't urgent anyway.

A：すみません、今日はすべてのカラープリンターが故障しています。
B：それでは商売になりませんね！　何時ごろ直ると思いますか？
A：エンジニアを呼びましたので、それほど時間はかからないと思います。5時までには直してもらえると期待しています。その間、白黒のプリンターは使えますよ。
B：それなら、後からまた来ます。私の印刷は緊急ではないので。

Vocabulary

out of order（故障した）　send for ...（～を呼ぶ）　have ＋物＋ fixed（～を直してもらう）　in the meantime（その間）　urgent（緊急を要する）

92　社内編（In the office）

オフィス機器故障の際の重要表現

out of order

(故障した)
out of order は「命令から外れて」の意味。ここから「故障中」とイメージします。似た表現に out of service がありますが、こちらは"使用されていない状態"、つまり、エレベーターであれば「運転休止中」、ATM であれば「利用不可」。

That must be bad for business.

(それでは商売になりませんね)
bad for ...の原義は「〜にとって悪い」ですが、bad for business の意味をもう少し広げて考えてみると、主語にあたる部分(ダイアログであればカラープリンターの故障)が、ビジネスに不利益をもたらしていると捉えることができます。

What time do you think (that) 〜?

(何時ごろ〜と思いますか)
think の部分は guess に入れ換えても OK です。

We've sent for an engineer.

(エンジニアを呼びました)
send for +人は、(ある目的のために)「人を(現場に)呼ぶ」という意味。なお、ここでの目的とは"カラープリンターの修理"であり、総務部員が「エンジニアを現場によこす算段を立てている」という状況です。

in the meantime

(その間)
in the meantime は、A と B という 2 つのイベントの合間を指します。A と B の時系列は過去と現在であったり、現在と未来であったりします。ちなみに for the meantime という表現もありますが、こちらの視点は"今"にフォーカスされ、「当面は」や「さしあたり」といった意味で用いられます。

💬 Jamie's advice　こんな言い方もできます

1. **Our color printers are all out of order.**（カラープリンターはすべて故障しています）
   💬 予期せずに壊れてしまった、ということです。
2. **We're carrying out maintenance work on all of our color printers.**（4台すべてのカラープリンターのメンテナンスを実施中です）
   💬 こちらは保守点検ということで、想定範囲内の中断と言えるでしょう。

---

1. **We've sent for an engineer.**（エンジニアを呼びました）
2. **We've called for an engineer.**（エンジニアを頼みました）
   💬 どちらもほぼ同じ意味で用いられます。

---

1. **We're hoping to have them fixed by 5 p.m.**（5時までに修理してもらえることを期待しています）
   💬 プリンターを直すのは、修理によこされたエンジニアです。
2. **We're hoping to fix them by 5 p.m.**（5時までに修理できることを期待しています）
   💬 プリンターを修理するのは we、つまり弊社のスタッフです。

> **Business Tips** オフィス機器故障の際のポイント

　社内の機械類の故障は日常茶飯事ですよね。
①車両からオイルが漏れる。
②パソコンがウイルスに感染した。
③コピー機がうまく作動しない。
④会社支給のスマートフォンをトイレに落とした。

これらの機械類の故障が発生したときは次のことに注意しましょう。
①買取品か、リースか。
②製品保証はあるか。
③修理業者の連絡先。
④修理費用の大小で、修理するか、償却して新製品を買うかどうかを決める。

English Tips

【tの音】アメリカ人の発音するtはlに聞こえる

アメリカ人がtを発音したとき、日本人の耳にはtに聞こえずlに聞こえる場合が多いです。water ウォーラー、party パーリー、Carter カーラーなどはいい例です。
クリント・イーストウッド主演の映画『Dirty Harry』。アメリカ英語では、ティとハの音が特徴的で、日本人の耳には『ダーリー・ヘァリー』と聞こえます。一方イギリス英語だと、『ダーティー・ハリー』に近く、日本人の耳になじみやすいですね。

トラブル（Encountering difficulties）

02 リースしているトラックの故障

Broken down leased vehicle

TRACK 19

Dialogue

A: 配送担当者　B: 総務担当者

A: One of our trucks has broken down. I'm no expert, but the transmission doesn't seem to be working properly. Whenever I try to start it up, nothing happens.

B: Is it a rental truck or did we buy it?

A: Thankfully, we're just leasing it. So, I don't think it'll do much harm to our business in the long run.

B: That's a relief. Let's not waste any time in calling the leasing company. They should be able to sort it out.

A：トラックが1台壊れてしまいました。専門家ではないけれど、トランスミッションが正常に作動していないんだと思います。スタートしようとしても動かないんです。

B：それはレンタルしたトラックですか、それとも購入したものですか？

A：ありがたいことに、リースしているんです。ですから、長期的に見て、我々のビジネスには大きな打撃にはならないでしょう。

B：それは助かりました。すぐにリース会社に連絡しましょう。これを解決できるはずです。

Vocabulary

break down（壊れる）　expert（専門家）　seem to do ...（〜するようだ）　properly（ちゃんと）
do harm（害を及ぼす）　relief（安心）　sort out（解決する、収拾する）

リースしている物が故障した際の重要表現

We're just leasing it.

（リースしているんです）
lease は equipment（機材や機器）や property（地所）などに対して使われます。「賃借する」という意味ですが、近年では、そのまま「リース」としても定着しています。

in the long run

（長期的に見て）
long-running（長く続く）という形容詞もあるように、争いや仲たがいなど、嫌なこと、または不快なことに対して使われます。
[例文] a long-running dispute（長期的論争）
　　　 a long-running argument（長い間続いている口論）

That's a relief.

（それは助かります）
安堵の気持ちが表れています。relieve を使った表現には次のようなものもあります。
[例文] I'm **relieved** to hear that.（それを聞いて安心しました）
　　　 What a **relief**!（ああ、よかった）
　　　 ※ What a relief. は口語表現で、ちょっとおどけた響き。

Let's not waste any time in doing ...

（すぐに〜しましょう）
それをしないのは時間のムダです、だからすぐに取り掛かりましょう、という含みがあります。in のあとにはするべきこと（ダイアログではリース会社への連絡）が続きます。
[例文] **Let's not waste any time in** moving on to the next step.
　　　（すぐに次のステップに移りましょう）

sort it out

（解決する）
この it は mess（ぐちゃぐちゃなこと）を指し、sort it out は「その混乱をまとめる」の意。ダイアログでは、it はトランスミッションの問題のことです。

トラブル（Encountering difficulties）

Jamie's advice こんな言い方もできます

---

1. **One of our trucks has broken down.**（トラックが 1 台故障しました）
   💬 機械や車両の故障にあたる一般的な言い方です。
2. **One of our trucks has packed up.**（トラックが 1 台いかれてしまった）
   💬 pack up は機械や車両が「壊れる」。直る見込みが低い場合に使われます。

---

1. **I'm no expert, but ...**（私は専門家ではありませんが）
   💬 聴き手に対して、やや距離感を与える印象です。
2. **I don't know much about cars, but ...**（自動車のことはあまり詳しくはありませんが）
   💬 よくわからないけれども知っておくべきかもしれない、というニュアンス。

---

1. **Whenever I try to start it up, nothing happens.**（起動しようとしても、何も起こりません）
2. **Whenever I try to start it up, it's unresponsive.**（起動しようとしても、反応がありません）
   💬 フォーマルな言い方です。

---

1. **I don't think it'll do much harm to our business.**（我々のビジネスにはそれほど影響しないだろう）
   💬 「すべてうまくいくだろう、大丈夫だ」という前向きな印象です。
2. **I don't think it'll damage our business that much.**（我々のビジネスにそれほどマイナスにはならないだろう）
   💬 「少しはマイナスになるかもしれないが、何とかなるだろう」というニュアンス。

Business Tips リースしている物が故障した際のポイント

　会社の中ではいろいろな機械を使用しています。車両、パソコン、複合プリンター、電話など。そして工場なども含めると、工作機械などさらに多くの機械類が使われています。

　リースという概念はもともと欧米から始まって、日本に伝わりました。故障した場合、迅速な修理や交換がリース契約に含まれている場合がほとんどです。

　それらが故障した場合は、迅速に修理を依頼したり、代替品を調達したりできる体制を普段から用意しておくことが重要です。簡単な修理やメンテナンスは社内の人間ができると便利です。それ以上の複雑な修理などでもすぐに対応してくれる専門業者と連絡が取れるようにしておきましょう。

　また、経理的観点のメリットを考慮すると、これらの機械類を購入して備品に計上する代わりにリースして、修理メンテナンス込みの費用を毎月経費として計上することが望ましいでしょう。

　これらの機械類は技術革新が著しいので、3年リースくらいにしておけば、次世代の新製品が出たときにモデルチェンジが簡単にできます。

English Tips

【fの音】日本語にないfは、下唇を噛むことを忘れずに

[h] は口の奥から息を吐き出します。[f] は軽く下唇を噛んで発音します。また、wh のつづり字は [hw]、つまり [h] → [w] の順で発音します。ただし、これはアメリカ式で、イギリス式の発音は h を読まず [w] です。照れながら f を発音すると、wh になってしまいますよ。子音の違いに気をつけて発音しましょう。

hat ヘァット – fat ファット – what ホワット
heat ヒート – feet フィート – wheat ホウィート
heel ヒーウ – feel フィーウ – wheel ホウィーウ

トラブル（Encountering difficulties）

03 豪雨による停電
Blackout due to heavy rain

CHAPTER 5

TRACK 20

Dialogue

A: 社長　B: 総務部長

A: Have you seen the weather outside? It's pouring. There's a good chance of flooding everywhere today.
B: If we have a blackout, we'll be liable for any accidents that happen. Do you think it might be a good idea to let our staff go home early?
A: As a rule of thumb, we don't do that, but given the exceptional circumstances, yes. Please let them know that they can go home, and that they'll be paid a full day's pay.
B: That's very generous of you, sir. I'm sure they'll be very grateful.

A：外の天気を見ましたか？　土砂降りですよ。今日はいたるところで水害になる可能性が高いですよ。
B：停電になったら、起こるかもしれない事故の責任を取らなければならないでしょう。社員を早退させるのがいい考えだと思いませんか？
A：これまでの経験では、それはしませんが、例外的な状況下なので、そうしましょう。早退してもいいこと、そして本日分の給与は全額支払われることを、みんなに伝えてください。
B：それは非常に寛大ですね。彼らはきっと大変感謝することでしょう。

Vocabulary

pour（土砂降りだ）　chance（可能性、見込み）　blackout（停電）　liable for ...（〜の責任を負って）
rule of thumb（経験則）　exceptional（例外的な）　generous（寛大な）　grateful（感謝して）

悪天候の際の重要表現

There's a good chance of doing ...

(〜の可能性が高い)
この good は「大きな」または「十分な」という意味。基本的には良し悪しの判断を表す形容詞ですが、ここでは可能性の余地を示しています。ちなみに、「見込みが低い」は a slim chance of success（成功の望み薄）と言います。また、a fat chance（可能性はほぼゼロに近い）という語句もあります。
[例文] **a good chance of** promotion（昇進の可能性が高い）
a slim chance of transfer（転勤の可能性が低い）
a fat chance of getting a raise（昇給の可能性はほぼゼロに近い）

Given the exceptional circumstances

(例外的な状況下では)
この given は「与える」ではなく、「〜と仮定すると」という意味。

That's very generous of you.

(それはとても寛大ですね)
前置詞の使い方がポイントです。人の性格を表す場合は「形容詞 + of + 人」の形を取ります。
[例文] That's very **kind of you**.（とてもご親切にありがとう）
It was **stupid of me**.（自分は愚かでした）
kind = you や stupid = me のロジックが成り立つときにだけ使えますので、It's convenient **for you** to take a taxi. とは言えても、It's convenient **of you** to take a taxi. とは言えません。なぜなら、convenient ≠ you だからです。

grateful

(感謝して)
I'm grateful to you for all your assistance.（ご協力に感謝します）のように、grateful to + 人 + for ...の語順です。

Jamie's advice　こんな言い方もできます

1. It's pouring.（土砂降りです）
　イギリスでは It's pouring it down. と言います。
2. It's tipping it down.（大雨です）
　1と同じ状況で使えますが、主にイギリスで使われる表現です。
3. It's just a shower.（にわか雨です）
　それほど強くない雨で、すぐに止むことが予想されます。

1. If we have a blackout（もし、停電が起こったら）
2. If we have a power cut（もし、停電が起こったら）
　1は主にアメリカ、2はイギリスで使われる言い回しです。

1. We'll be liable for any accidents.（どのような事故でも、自分たちの責任が生じるだろう）
　法律的な解釈による見解です。
2. We'll be responsible for any accidents.（どのような事故でも、我々の責任になるだろう）
　こちらは必ずしも法律的見地による解釈とは限りません。

1. As a rule of thumb, we don't do that.（通常は、それはしません）
　経験則に基づいた常識を物差しとしています。
2. In principle, we don't do that.（原則として、それはしません）
　絶対にそれはしない、という強い道徳観に基づいた発言です。

Business Tips 悪天候の際のポイント

　東南アジアの台風、アメリカのハリケーンや竜巻など、予期しない自然災害が発生することがあります。またカリフォルニアやオーストラリアでは、干ばつに伴う森林火災なども頻繁に起こります。このような場合、社員の安全を最優先に考えましょう。
　ダイアログのように、あなたが現地法人の社長なら、地元の人事担当者などの意見を尊重して、すばやく判断することが必要です。
　現地の天気予報を参考にして、警察とも協力し、社員を早めに帰宅させたり避難させたりするなどの対策を講じましょう。

English Tips

【vの音】日本語にないvは、下唇を噛むことを忘れずに

[v] を発音する際、しっかり下唇を噛まないと、[b] の音になってしまいます。[v] は [f] の口で「ヴ」です。摩擦音なのでこすれた響きがします。一方 [b] は破裂音で、唇をしっかり閉じたあと、一気に開いて強くはっきりと「ブ」と発音します。[b] と [v] をはっきり区別しましょう。

berry ベリー – **v**ery ヴェリー　　ballet バレイ – **v**alley ヴァリー
best ベスト – **v**est ヴェスト　　ban バァン – **v**an ヴァン
boat ボウト – **v**ote ヴォウト

トラブル（Encountering difficulties）

社外とのやりとり 編
Dealing with people outside the company

CHAPTER
6

アポイント
Appointment

01 電話でアポイントを取る
Requesting an appointment by telephone

TRACK 21

Dialogue　　　　　　　　　　　　A: ジョーンズ社長の秘書　B: スミス氏の秘書

A: Hello, this is Suzie Walker, the assistant of Mr. Jones, president of Jones and Company. I'm calling as Mr. Jones would like to make an appointment with Ms. Smith next week to discuss how this month's orders are coming along. When would it be convenient for her?

B: Let me just check her schedule. Ah, she has a one-hour window at 10 a.m. on Thursday. Would that suit Mr. Jones?

A: That would be perfect.

B: Great. I'll send you a map of how to get to our office by email later today.

A：もしもし、ジョーンズ・アンド・カンパニーのジョーンズ社長の秘書のスージー・ウォーカーです。ジョーンズが来週お時間をいただいて、スミスさんと今月の受注状況について打ち合わせたいと申しております。いつがご都合よろしいですか？

B：スケジュールをチェックしてみます。木曜日の午前10時に1時間の空きがあります。ジョーンズさんのご都合に合うでしょうか？

A：結構です。

B：承知しました。今日、後からEメールで、弊社への地図をお送りします。

Vocabulary

make an appointment with ...（〜と会う約束をする）　come along（進む）　convenient for ...（〜にとって都合がいい）　suit（都合が合う）

電話でアポイントを取る際の重要表現

be coming along

（進んでいる）
come along（進む）には、make progress（進歩する）や develop（発展する）等の類語があります。ダイアログは、「今月の受注状況はどんなペースで進んでいるか」という意味。
[例文] Your English has **come along** a lot.（英語がとても上手になりましたね）
　　　Come along. Next, please.（前に進んでください。次の方どうぞ）

When would it be convenient for + 人 ?

（〜さんは、いつがご都合よろしいですか）
初対面のクライアントに対して When are you free? と質問するのは、あまりに不躾です（その場合は、When would it be convenient for you? と言いましょう）。助動詞の過去形は、控えめさや丁寧さを表します。
(例) **Can** you come?（来られる？）と **Could** you come?（来られますか？）
will や can でも差し支えありませんが、時制を過去形にすることでフォーマル度を調整することができます。

She has a one-hour window at 10 a.m. on Thursday.

（木曜日の午前 10 時に 1 時間の空きがあります）
秘書がスミス氏のスケジュールを調べた後、先方にこう伝えています。window には「空き（時間）」という意味もあるので覚えておきましょう。

Would that suit + 人 ?

（〜さんのご都合に合いますか？）
rephrasing（言い換え）は、実に有効なアプローチです（同じ語句や文の繰り返しは冗長に響きます）。ダイアログでは、A さんの When would be **convenient** for her? の質問に対し、B さんは Would that **suit** Mr. Jones? と尋ね返しています。convenient の使用を回避して suit を用いたのは、まさに言い換えの手法によるものです。

later today

（本日後ほど）
「あとで」ということですが、厳密な時間の指定がないので「今日中に」と考えることもできます。

アポイント（Appointment）　**107**

💬 Jamie's advice こんな言い方もできます

---

1. **make an appointment**（アポイントを取る）
   💬 診察や顧客との会議など、人と会うことが前提の予約です。
2. **arrange a meeting**（ミーティングをアレンジする）
   💬 会議の予約です。▸「アポ」は和製英語で appointment からの派生。

---

1. **Let me just check her schedule.**（スケジュールをチェックさせてください）
   💬 スケジュールを確認するときの一般的な言い方です。
2. **Let me just check her diary.**（予定表をチェックさせてください）
   💬 diary はイギリスではスケジュールのこと。diary の部分を calendar に変えれば、英米共通の表現に。

---

1. **She has a one-hour window at 10 a.m. on Thursday.**（木曜日の午前 10 時に 1 時間の空きがあります）
2. **She can fit you in at 10 a.m. on Thursday.**（木曜日の 10 時にあなたとのアポイントを入れることができます）
   💬 1 と同じく、秘書またはアシスタントが上司のスケジュールを伝えています。

---

1. **I'll send you a map by email.**（メールで地図を送りましょう）
2. **I'll send you a map online.**（地図をオンラインで送りましょう）
   💬 オンライン媒体なら何でも可。▸ email は「メールで送る」、mail は「郵便で送る」。

Business Tips アポイントを取る際のポイント

　以前、私はテレビ東京で『ハローVIP！』という番組の司会をしていました。世界のVIPと直接会ってインタビューする番組で、そのアポイントを取ることも、私の仕事の一部でした。

　ゲストは、ニューヨークの不動産王のドナルド・トランプ氏やイギリスのヴァージン・グループのリチャード・ブランソンなど、多岐にわたっていました。

　このようなVIPの人たちとのアポイントを取るなど、普通に考えたら不可能なように思えますが、番組の趣旨、出演することのメリットなどをわかりやすく説明することによって、秘書や広報担当者を説得しました。こうすることで、50名のVIPにギャラなしでゲスト出演をしてもらうことに成功したのでした。

　初めからあきらめずに、会いたい理由を理路整然と説明すれば、外国の要人たちとのアポイントは案外取れます。警戒心の強い日本のVIPよりも、外国の人たちのほうが会ってくれやすいことを、私は身を持って学びました。

English Tips

【thの音】日本語にないthは、舌を少し出して、歯で噛む

thの[θ]は日本人にはなじみにくい音ですが、スペイン語でもgraciasのcを同じように発音します。恥ずかしがり屋の日本人は舌をちょっと出すのをためらいがちですが、しっかり出して、上下の歯で軽く噛みます。sとthの使い分けに気をつけてください。

mouse マウス – mouth マウθ　　　sink スィンク – think θィンク
pass パス – path パθ　　　　　　slow スロウ – throw θロウ

アポイント（Appointment）

02 新製品の営業のアポイントを取る
Requesting a sales appointment to introduce new products

TRACK 22

Dialogue　　A: 輸入販売会社の営業担当者　B: 小売チェーンの仕入れ担当者

A: Hello, I'm calling to let you know that we've just received the first samples of our brand-new, waterproof cell phone cases. We'd be very happy if we could show them to you.
B: Great! There is a real gap in the market for your products, so we may be interested in test marketing them. When would you be available?
A: How about tomorrow?
B: Would you be able to come to our office at 11 o'clock? We can discuss the order in more detail.

A：こんにちは、最新の携帯電話の防水ケースの最初のサンプルがたった今到着したことをお知らせしたくてお電話しました。お見せすることができたら嬉しいのですが。
B：素晴らしい！　御社の製品は市場のすき間のいいところをついているので、我々はテストマーケティングに興味があります。いつが都合よろしいでしょうか。
A：明日はいかがですか？
B：11時に弊社にお越しいただけますか？　注文についてさらに詳細に相談しましょう。

Vocabulary
brand-new（最新の）　waterproof（防水の）　gap in the market（市場のすき間）　available（会うことができる）　detail（詳細）

新製品の営業のアポイントを取る際の重要表現

I'm calling to let you know that ...

（〜をお知らせしたくお電話しました）
本題に入る前にこう言って趣旨を伝えます。書面でお知らせする場合は、This is to inform you that ...がよいでしょう。もう少しパーソナルな雰囲気を打ち出したければ、I'm writing to let you know that ...もお薦めです。

[例文] **This is to inform you that** your Avonlea Golf Club membership will expire on the 31st of October.
（アヴォンリーゴルフクラブの会員期限が 10 月 31 日付にて失効いたしますことを、当書面にてご報告いたします）

I'm writing to let you know that we received your email and have changed your reservation accordingly.
（Eメールが無事届きましたこと、および予約の変更が完了しましたことをお知らせします）

We'd be very happy if we could do ...

（〜することができたら、大変ありがたいのですが）
助動詞が過去形になっているのがポイントです。丁寧さがにじみ出ている文です。

How about ...?

（〜はどうですか？）
How about ...? は提案するときに使われます。なお、What about ...? は提案のほか、意見を求める場合にも使われます。

[例文] ● 提案をするとき
How about a walk?（散歩でもどう？）
What about some coffee?（コーヒーでもどう？）
● 意見を求めるとき
Ted canceled the flight. **What about** us?
（テッドはフライトをキャンセルしたよ。私たちはどうする？）

Jamie's advice こんな言い方もできます

1. **the first samples of the cases** (ケースの最初のサンプル)
2. **the first batch of the cases** (ケースの最初のバッチ)
   💬 最初の 100 個とか 500 個の生産分のこと。テスト製品ではありません。

---

1. **There is a gap in the market for your products.** (御社の製品は市場で売れる可能性があります)
   💬 顧客ニーズに応えられる製品である可能性が高いと思われるとき。
2. **There is nothing like this on the market.** (このような商品は市場にはありません)
   💬 成功するかどうかは別問題として、物理的に市場に出回っていない。

---

1. **When would you be available?** (いつなら時間がおありですか？)
   💬 先方が多忙なのがわかります。
2. **When are you free?** (いつヒマ？)
   💬 カジュアルでフレンドリーな響き。▶「いつ空いていますか？」のつもりで When are you open? と言う人がいますが、ネイティブスピーカーはそのような言い方はしません。

---

1. **discuss the order in more detail** (注文について、より細かく意見を交わす)
   💬 この段階では、商談が不成立で終わる可能性も考えられます。
2. **discuss the specifics of the order** (注文の詳細を相談する)
   💬 実質、すでに取引が合意されていることが想定されます。

Business Tips 新製品の営業のアポイントを取る際のポイント

　海外への事業進出に伴い、海外で営業を行うケースも増えてきています。ここでは、営業のアポイントを取るコツを列挙してみましょう。

①新製品の特長、セールスポイントを簡潔に説明して、バイヤーの興味を喚起する。
②「御社にまずこの新製品をお見せして商談したい」と言って、「御社は弊社にとって特別のお客様です」という印象を与える。
③早めに会って相談すると、優先的に商品を回してもらえるという印象を与える。

　このように相手側の好奇心をくすぐり、「いい商品を早く手に入れて、販売したい」という気持ちにさせると、営業のアポイントが取れます。

English Tips

【l, r, f, v, thの音】日本語にない音が混ざった言葉に挑戦

日本人が苦手とする音が混在している単語を並べてみました。ここまで見てきたlとr、hとf、bとv、sとthの使い分けに注意してください。
salary サラゥリー　 － celery セラゥリー　 － thoroughly θァゥラリー
really ゥリアリー　 － rarely ゥレアリー　 － lily リリー
fine ファイン（ヌ）　 － vine ヴァイン（ヌ）
throw θゥロウ　 － through θゥルー　 － slow スロゥ
sank サンク　 － thank θンク
berry ベゥリー　 － belly ベリー　 － very ヴェゥリー　 － valley ヴァリー
－ volley ヴォリー
lottery ロテゥリー　 － rotary ゥロゥタゥリー
lolly ロリー　 － lorry ロゥリー　 － Rory ゥロゥリー　 － rolling ゥロゥリング

アポイント（Appointment）

CHAPTER 6

03 ディナーの アポイントを取る
Requesting an appointment for dinner

TRACK 23

Dialogue A: 広告代理店の営業担当者 B: メーカーのマーケティング担当者

A: We had a very productive meeting today. I'd like to hear more about your branding strategy, so that we can come up with very effective advertisements.

B: Yes, that'll be very useful. I'd like to brief our marketing plan to you more in detail.

A: I happen to know a nice Italian restaurant near our office. Their food is delicious, and their atmosphere is second to none. May I take you there sometime next week? How does 7 p.m. on Friday sound?

B: That works for me. I love Italian pasta and wine. I'm sure we'll get many creative ideas.

A：今日は大変前向きな会議ができました。御社のブランディング戦略をもっとお伺いして、非常に効果的な広告を制作したいと思っています。
B：はい、それは非常に有益ですね。弊社のマーケティング計画をもっと詳細にご説明したいと思います。
A：オフィスの近くに、いいイタリアンレストランがあるんです。料理はおいしいし、雰囲気も最高です。来週お連れしてもよろしいですか？　金曜日の午後7時のご都合はいかがでしょうか。
B：そちらで結構です。私はイタリアのパスタとワインが大好きなんです。きっとクリエイティブなアイデアがたくさん出てくるでしょう。

Vocabulary

productive（生産的な、有意義な）　come up with ...（〜を思いつく）　brief（要約する）　in detail（詳細にわたって）　sound（〜に思われる）

114　社外とのやりとり編（Dealing with people outside the company）

ディナーのアポイントを取る際の重要表現

I happen to know ...

(たまたま〜を知っている)
happen to の後ろには動詞の原形が続き、「(たまたま) 〜だ」という意味で使われます。疑問文では「ひょっとして」の訳がぴったりとはまります。
[例文] Do you **happen to** remember his name?
　　　(ひょっとして彼の名前を覚えていますか？)

May I take you there?

(そこにお連れしてもよろしいですか？)
May I ...? は大変丁寧な言い方です。I'd like to ...という言い方もあります。

How does 7 p.m. on Friday sound?

(金曜日の午後7時のご都合はいかがですか？)
sound を使うことで、お伺いをたてる聞き方に。How about 7 p.m.? でも間違いではないのですが、与える印象が異なります。How about ...? はいわゆる提案の文で、ともすれば自分の都合が優先されているかのようにも響きます。一方、How does 7 p.m. sound? にはそのような強引さは見られません。
※より丁寧な表現に Would 7 p.m. on Friday be convenient for you? もあるので、併せて覚えておきましょう。

That works for me.

(そちらで結構です)
That'll be fine with me. や It suits me. とも言えます。that を主語にするとやや無機質な感じですが、上級クラスの英文はこのようなスタイルが求められます。と言うのも、I や you を主語にした文は、良くも悪くも話者の主観が丸見えだからです。一方、that や it を用いた文は、より客観的な態度で語ることが可能となります。つまり、① I'm fine with it. と② That works for me. は、どちらも「よい」と言っているわけですが、①は「いいのは自分」、②は「いいのは都合」です。実は、that がカモフラージュの役目を果たしているのです。
なお、It suits me. は、試着して「似合っていると思います」と言うときの表現でもあります。

Jamie's advice こんな言い方もできます

1. productive meeting（前向きな会議）
短期間で多くの収穫があったというニュアンス。productive は動詞の produce から派生する形容詞で「生産的な」という意味。

2. successful meeting（実り多い会議）
会議の目的がすべて達成されたというニュアンス。

---

1. come up with（考えつく）
例えば、締め切りなど特定のプレッシャーが与えられた状況で、何かを「思いつく」という意味で使われます。

2. think up（思いつく）
1とほぼ同義ですが、こちらのほうがややカジュアルな言い回しです。

---

1. second to none（最高の）
最高であるという強い思いが込められた表現。best のニュアンスが含まれます。

2. outstanding（素晴らしい）
必ずしも一番とは限りませんが、信じられないほど良いという意味を持っています。「ずばぬけた」と訳されることもあります。

---

1. May I take you there?（そこにお連れしていいですか？）
こちら側の費用負担で、誰かを招待するときの表現。

2. It's on me.（私が払います）
食後に自分が払おうとするときの表現。「おごります」と言い換えてもよいでしょう。

3. I'll get this.（僕が払うからいいよ）
同じ意味ですが、さらにくだけた言い方。

社外とのやりとり編（Dealing with people outside the company）

Business Tips ディナーのアポイントを取る際のポイント

　取引先をディナーに招待することによるメリットは、個人的に親しくなり、良いビジネスにつなげることです。ですから、ディナーは楽しく、おいしく食べたいものです。
　そのために、アポイントを取る際に気をつけるポイントを挙げてみましょう。

①ディナーはゆっくりと時間をかけて、食事を楽しみ、じっくりと会話をしたいですよね。食事の後で、ブランデーなどを飲みながら、さらに会話を続けます。たとえ遅くなっても、翌日に仕事がないほうがお互いにリラックスできます。したがって、最適な曜日は、金曜日です。アポイントを取る際は、まず金曜日の都合を相手に尋ねて、日取りを決めるのがよいでしょう。
②レストランが決まったら、何時まで空いているかも調べておくこと。できるだけ、遅くまで空いているレストランのほうが、時間を気にせずにゆったりと会話を楽しめます。
③相手がどのような料理を好むかあらかじめ調べておくこと。直接相手に尋ねることをためらう必要はありません。
④交通の便を考えること。もしも電車でレストランまで来るのであれば、駅から近いレストランを選ぶこと。最寄りの駅が遠い場合は、帰りのタクシーはこちらが負担して、手配するくらいの配慮が大切です。

English Tips

ゴルフ場のキャディーさんが「フォー！」

ゴルファーがとんでもないところにボールを打ったとき、キャディーさんが「フォー！」と叫びます。この由来をご存じの方は少ないようです。ほとんどの人が、これを「Far!」（遠い）のことだと思っておられますが、もともとは軍隊用語で、鉄砲を打つ前に隊長が叫ぶ言葉でした。**Beware before!**（前方、注意せよ！）を大声で言うと、最後の fore だけが聞こえるので、「フォー！」となったのです。今度ゴルフ仲間に教えてあげましょう。

アポイント（Appointment）　117

社外とのやりとり 編
Dealing with people outside the company

CHAPTER
7

訪問
Company visit

CHAPTER 7

01 受付にて
At the reception desk

TRACK 24

Dialogue　　　　　　　　　　　　　　　　　　　A: 訪問客　B: 受付係

A: Hello, I have an appointment with Ms. Wilson at 3 p.m. The name is Tanaka, from KJ Solutions.

B: OK, sir. Let me just check our system. Ah, yes, we've reserved a special meeting room for you. Please take this visitor pass and take a seat on the sofa over there. I'll let Ms. Wilson know that you've arrived. She'll be with you in a moment.

A: Thanks very much. By the way, could you tell me where the restroom is?

B: It's just down the corridor, first door on your left, sir.

A：こんにちは、ウイルソンさんと3時にアポイントがあります。KJソリューションズの田中と申します。

B：わかりました。お調べいたします。はい、特別会議室を予約しております。このビジターパスをお取りになって、そちらのソファにお座りください。ご到着をウイルソンに伝えます。すぐに参りますので。

A：ありがとうございます。ところで、トイレはどこか教えていただけませんか？

B：廊下を行ったすぐ左にございます。

Vocabulary

reception（受付）　appointment（人に会う約束、アポイント）　reserve（予約する）　visitor pass（入館許可証、ビジターパス）　in a moment（すぐに）　corridor（廊下）

120　社外とのやりとり編（Dealing with people outside the company）

会社訪問の際、受付での重要表現

I have an appointment with + 人　at + 時間．

(～さんと～時にアポイントメントがあります)
相手の会社を訪れる場合、受付の人にまずこう伝えます。アポありかアポなしかは大変重要です。もし仮にアポなしで訪ねた場合、通してもらえる見込みは低くなるでしょう。

visitor pass

(ビジターパス)
通常、受付で受け取ります。自分の名前と会社名を書くこともあれば、記入不要のパスを渡されることもあります。

take a seat

(座る)
sit down も take a seat も「座る」ですが、前者は単に「座る」、後者は「席に着く」。ですので、お客様に対しての「おかけください」は Please take a seat. がよいでしょう。学校で教師が Sit down.（着席）というのは、生徒は先生にとってのお客様ではないからです。
[例文] Please take a seat.（おかけください）※ビジネスシーンで
　　　Sit down!（着席！）※学校の教室内で

by the way

(ところで)
それまでの話題から、まったく別のものへ移るときのつなぎ言葉です。ダイアログでは、A さんが受付係とアポイントの確認をしたあとに、by the way とワンクッション置いて、お手洗いの場所を尋ねています。つなぎ言葉のあるなしで、さりげなく聞こえたり、ぶっきらぼうに響いたりします。

💬 Jamie's advice こんな言い方もできます

---

1. I have an appointment with Ms. Wilson.（ウイルソンさんと約束があります）
💬 事前に面会の予約を取り付けていることがわかります。

2. I'm here to see Ms. Wilson.（ウイルソンさんに会いに来ました）
💬 「アポイントは取ってあります」と間接的に伝えています。

---

1. The name is Tanaka, from KJ Solutions.（KJ ソリューションズの田中と申します）

2. I'm Tanaka, from KJ Solutions.（KJ ソリューションズの田中です）
💬 ややカジュアルで直接的な響きです。▸ 電話では It's Tanaka. という表現が使われますが、対面での会話は I'm Tanaka. です。

---

1. She'll be with you in a moment.（彼女はすぐに参ります）
2. She won't be long.（彼女はすぐに来るよ）
💬 カジュアルな言い方です。

---

1. It's just down the corridor, first door on your left.（廊下を行ったすぐ左です）
💬 corridor は建物内部の廊下のことで、部屋のドアがいくつも面しています。

2. Go through the automatic doors, and it's on the left.（自動ドアを行くと、左側です）

Business Tips　会社訪問の際、受付でのポイント

　メラビアンの法則をご存じですか？　アメリカのUCLAのメラビアン教授が提唱した、人間の記憶についての法則です。人の印象に最も残るのは視覚的情報で、2番目は聴覚的情報だと言います。
・55%　視覚的情報（表情、服装、ジェスチャーなど）
・38%　聴覚的情報（声の質、話し方など）
・7%　話のコンテンツ（話の内容）

　したがって、初めて新しい会社を訪問するときには、相手にいい印象を与えられるよう、次の点に注意を払いましょう。
①きちんとした服装。男性の場合は白いワイシャツ、レジメンタル柄のネクタイ、濃紺または濃いグレーで仕立ての良いスーツ。女性なら、スーツとブラウスに品の良いジュエリーをつけてもよいでしょう。
②さわやかな笑顔。
③耳に心地良い声と聞き取りやすい発音。

　これであなたは相手に好印象を与えることができました。すでに訪問の目的の半分以上は達成されたと言っても過言ではありません。

English Tips

間違えやすい語句(1)　economicとeconomical

economic（経済の、経済学上の）とeconomical（安価な、効率的な）を混同してしまうことがありませんか？　economicはアカデミックなニュアンスで使われることが多いです。
例：**economic** policy（経済政策）、**economic** deregulation（経済規制緩和）
それに対し、economicalは「経済的な」というニュアンスで、日常生活の中で使われます。
例：in an **economical** way（効率的な方法で）、**economical** person（倹約家）

02 社長への表敬訪問
Paying a courtesy call

Dialogue　　　　　　　　　　　　　　　　　　A: 営業部長　B: 取引先の社長

A: Mr. Wilshire, we'd like to thank you again for your recent order. We're glad that you're satisfied with our transactions, and that we've had your business for such a long time.

B: The pleasure is ours. Your company is reliable, doesn't cut corners, and always goes the extra mile.

A: You're too kind. By the way, you look like you're keeping well. What is your secret?

B: I try to take it easy on weekends and relax with my family. You can't work 24/7. Having some downtime is important, too.

A：ウイルシャーさん、最近のご注文に再度お礼を申し上げます。私どもとの取引にご満足いただき、このように長年にわたって御社とお仕事をさせていただいてきたことを嬉しく思います。
B：こちらこそ。御社は頼りになるし、手抜きをせず、必ず期待以上のことをしてくれます。
A：身に余るお言葉です。ところで、ウイルシャーさんはとても健康そうにお見受けしますが、秘訣は何でしょうか。
B：週末はのんびりして、家族と一緒にリラックスします。四六時中は働けませんからね。何もしない時間を持つことも重要です。

Vocabulary

recent（最近の）　satisfied with ...（〜に満足している）　transaction（取引）　reliable（信頼のおける）　cut corners（手を抜く）　keep well（元気にしている）　downtime（休息の時間）

社長への表敬訪問での重要表現

cut corners

(手抜きをする)
cut corners は、"角を曲がらずに道を横切る" ですが、「手を抜く」や「はしょる」といった意味で使われます。cut corners to save money のように「(お金や時間を) 切り詰める」という意味もあります。
[例文] It's obvious that they **cut corners** on quality control.
(彼らが品質管理の手を抜いているのは明らかです)
We have to **cut corners** to handle the household finances.
(家計をやりくりするために、お金を切り詰めなければならない)

You're too kind.

(身に余るお言葉です)
直訳すると「あなたは親切すぎます」なので、嫌味でも言われているかのように感じるかもしれませんが、もちろんそのようなことはありません。誰かに大変に (それも予期せずして) 親切にされたときのお礼の表現で、「身に余るお言葉です」がぴったりです。ほめられて恐縮だ、でも嬉しい、という2つの気持ちが入り混じっています。

24/7

(いつも)
always (いつも) や all the time (ずっと) と同じ意味。なお、24 は 24 hours、7 は 7 days のことです。24/7 の読み方は twenty-four seven です。

have some downtime

(何もしない時間を持つ)
downtime はコンピューターがダウン (休止、稼働停止中) している時間のことで、「休息」や「オフ」の意味で使われます。
[例文] I need a little **downtime**. (ちょっと息抜きが必要です)

Jamie's advice こんな言い方もできます

1. **We'd like to thank you again for ...** (〜について、再度お礼を申し上げたい)
   💬 感謝の気持ちを伝える一般的な言い方です。
2. **We'd like to show our gratitude for ...** (〜に対する感謝の気持ちを表したい)
   💬 お礼のしるしとして、贈り物や割引等が含まれる場合もあります。

---

1. **We're satisfied with our transactions.** (取引に満足しています)
   💬 満足度は普通です。
2. **We're delighted with our transactions.** (取引できてとても嬉しいです)
   💬 非常に高い満足度です。
3. **We're not pleased with our transactions.** (取引に満足していません)
   💬 まったく満足していない、ということです。

---

1. **The pleasure is ours.** (こちらこそ)
2. **It's our honor.** (光栄です)
   💬 1 よりもフォーマルな言い方です。

---

1. **You always go the extra mile.** (いつも十二分にやってもらっています)
   💬 期待以上のパフォーマンスで、努力と結果が伴っている場合に。
2. **You always give it your all.** (いつも全力を尽くしてくれています)
   💬 努力はしているけれども、それと結果は別の場合もあります。

Business Tips 社長への表敬訪問でのポイント

　企業間での付き合いで最も重要なことは、相手方の社長とうまくいくことです。私がお付き合いしている会社は、すべて社長さんたちと私との間のプライベートな関係がうまくいっているところばかりです。

　もちろん、本業でベストを尽くして、相手の期待以上のものを提供するのは当然のことです。プロとして恥ずかしくないレベルの商品やサービスを提供することは、基本中の基本です。

　その上で、その良いビジネス関係を長年継続したいのなら、相手の会社の社長またはキーパーソンとの個人的関係を構築することが重要です。

　ゴルフ、会食、コンサート、カラオケなど共通の趣味を一緒に楽しみしょう。More business is done on the golf course than in the office. とアメリカでは言われていますが、日本でも同様です。

　また、社長のお嬢さんがピアノのリサイタルなどを開催するときは、チケットを数枚購入してさしあげて、家族揃って聴きに行くという配慮をすると、ことのほか喜ばれます。

　こういう個人的関係が、確固たるビジネス関係の構築に役立つのです。

English Tips

間違えやすい語句(2) rushとrashとlush

日本語の「ラッシュアワー」のスペリングをご存じですか？　正しくは **rush** hour で、rash hour とか lush hour ではありません。rush は「突進する」という意味です。駅で通勤客が突進する様子が目に浮かびますね。
rash は「吹き出物」の意味で使われます。
例：I have a **rash** around my mouth.（口のまわりに発疹ができている）
また、lush は（豊かな）という意味です。　例：**lush** greenery（豊かな緑）

訪問（Company visit）

03 新規広告代理店を訪問
Visiting a new advertising agency

TRACK 26

Dialogue　　　　　　　A: メーカーの営業部長　B: 広告代理店の営業スタッフ

A: We want to branch into new markets, so we're looking for a new advertising agency.

B: Our company's strength is a combination of marketing, creativity and media planning. We're currently gaining ground in the U.S.

A: It sounds like you've found your niche. Your company seems to be just what we're looking for. However, before we go further, I have to ask you about your pricing structure.

B: For the marketing and creative production, we charge a flat fee. As for media buying, we charge 10% of the total media cost.

A：私たちは新しい市場に進出するため、新しい広告代理店を探しています。
B：弊社の強みは、マーケティング、創造力、媒体計画が揃っていることです。現在、アメリカで業績を伸ばしています。
A：御社はニッチなマーケットを発見されたようですね。御社は我々が探し求めている会社のような気がします。しかし、前に進める前に、御社の価格体系について伺いたく思います。
B：マーケティングとクリエイティブ制作は定額で、媒体購入は、媒体費用の合計の10％を請求させていただきます。

Vocabulary

branch into ...（～に進出する）　advertising agency（広告代理店）　gain ground（しっかりした基盤を築く）　pricing structure（価格体系）　flat fee（定額）　media cost（媒体費用）

新規取引先を訪問する際の重要表現

strength

（強み）
strength は身体的な強さのほか、「強み」「威力」といった意味もあります。
[例文] economic **strength**（経済力）
　　　political **strength**（政治的威力）
strength は strong の名詞形で、strengthen（〜を強化する）はその動詞形です。「強さ・強み」を表す単語は strength のほかに advantage（利点）や merit（メリット）などもあります。

find one's niche

（ニッチな市場を見つける）
niche は「特定分野」や「すきま市場」のこと。最近ではカタカナ英語としても定着しています。
[例文] We're exploring the **niche** market.
　　　（ニッチな市場を開拓しています）
　　　We've been investing money to analyze the growing **niche**.
　　　（成長株のニッチな市場を分析するために、資金投資をしています）

pricing structure

（価格体系）
pricing を使った単語には pricing strategy（価格戦略）や pricing system（価格決定方式）があります。

We charge a flat fee.

（定額制です）
flat fee は「定額」のこと。telephony（電話通信）や Internet（インターネット）業界でよく使われる表現です。

As for media buying, we charge 10% of the total media cost.

（媒体購入は、媒体費用の合計の 10％を請求させていただきます）
media buying は、媒体を効率的に購入すること。media cost は、媒体に使う費用のこと。1つ目の B さんのセリフの media planning は、種々の媒体をどうミックスして使うかという計画のことです。

Jamie's advice　こんな言い方もできます

1. **branch into new markets**（新しい市場に参入する）
2. **expand into new markets**（新しい市場を開拓する）

---

1. **We're currently gaining ground in the U.S.**（当社は、現在アメリカで地盤を築きつつあります）
   💬 徐々に築き上げてきた、というプロセスが感じられます。
2. **We're currently experiencing a boom in the U.S.**（当社は、目下アメリカで急成長しています）

---

1. **You seem to be just what we're looking for.**（御社は我々が探し求めている会社のような気がします）
   💬 話者の心理は「今」にフォーカスされています。特に過去とのつながりはありません。
2. **You seem to be just what we've been looking for.**（御社は我々が探し求めてきた会社のような気がします）
   💬 ずっと探してきたけれども、なかなか見つからなかったという「過去」からの経緯が見て取れます。

---

1. **Before we go further**（これより先に進む前に）
   💬 さらに推し進めるべき重要な案件が残っています。
2. **Before we turn to the topic of ...**（〜の件に移る前に）
   💬 こう言ったあと、次のトピックへ移ります。最終確認やまとめ、または総括も予想されます。

Business Tips　新規取引先を訪問する際のポイント

　企業を訪問するときのコツを考えてみましょう。まず、会いに行く理由を明らかにして、それに従って話し方、服装、手土産などを考慮します。
①新規取引先の開拓
②既存のお得意先への商品の売り込み
③人脈をキープするための時候の挨拶
④素晴らしいことが起きたお祝いに駆けつける
⑤失敗や失礼なことをしたことのお詫びに伺う

　①の新規取引の開拓はどの企業にとっても非常に重要です。こちらが留意することは、自社の情報・資料をきちんと用意し、理路整然と笑顔で説明すること。
　相手の企業を観察する絶好の機会なので、社内の雰囲気や清潔度、社員の礼儀作法と話し方などを注意深く観察して、評価に加味しておきましょう。経営数字からだけではわからないことを補充することが重要です。

English Tips

間違えやすい語句(3)　flashとflush

カメラのフラッシュはflashで、赤面するのはflushです。flushは、「水で流す」という意味でも使われます。
例：My camera has an automatic **flash**.（私のカメラは自動フラッシュがついています）
　　Her face **flushed** red when he told her "I love you."（彼が愛していると言ったとき、彼女は赤面した）
　　Flush toilets are not common in that country.（その国では水洗便所があまりない）
flashは、[æ]と強く言いましょう。一方、flushは、山型の[ʌ]ですから、歯切れよく後ろに引く感じで言いましょう。

訪問（Company visit）

社外とのやりとり 編
Dealing with people outside the company

CHAPTER

8

会社説明

Company information

01 会社説明を行う
Providing basic information of your company

Dialogue A: 輸入販売会社の営業部員　B: コーヒー店チェーンの仕入れ担当者

A: We're a subsidiary of Toyo Food Ltd., and we specialize in importing high quality products. Here are some samples of our coffee beans so you can see the quality for yourselves.

B: Can you tell us about your financial position, and which chains you currently supply to?

A: We have an annual turnover of 10 billion yen with a healthy net profit. Our largest client is Café Italiano, and we recently sealed a deal with S&Y Restaurant Chain.

B: Your prospects sound promising. We'll try your samples and get back to you next week.

A：弊社は東洋フードの子会社で、高品質の製品の輸入に特化しています。コーヒー豆のサンプルをお持ちしましたので、その品質をご覧ください。
B：御社の財務状況と、現在取引されているチェーン店をお知らせください。
A：年間売上高は100億円で、健全な利益を出しています。最大のお得意先はカフェ・イタリアーノで、最近S&Yレストランチェーンとも取引することになりました。
B：御社の状況は有望ですね。サンプルを試飲して、来週ご連絡いたします。

Vocabulary

subsidiary（子会社）　specialize in doing ...（〜することに特化している）　financial position（財務状況）　turnover（売上高）　seal a deal with ...（〜と取引をする）　promising（前途有望な）

会社説明の際の重要表現

You can see the quality for yourselves.

（その品質をご覧ください）
see the quality for yourself をもう少し広げて解釈してみると「ご自身の目でお確かめください」ということです。「確かめる」のであれば check でもよさそうですが、この単語には「精査する」という意味があり、You can check the quality for yourselves. では「どうぞ綿密にお調べになってください」になってしまいます。会社説明会で自社の製品を売り込む場合、まずは製品を見て（see）もらうことから始まります。

healthy net profit

（健全な利益）
healthy には、身体が「健康な」、ファンクションが「健全な」という意味があります。
[例文] a **healthy** cell function（健康な細胞機能）
　　　a **healthy** debate（健全な論議）

Your prospects sound promising.

（御社の状況は有望ですね）
成功や富の獲得が起こるであろう、という可能性を示唆しています。ここでの prospect は、望ましいことや期待感が想定されるポジティブな展望のことです。
[例文] a **prospective** company（有望企業）
　　　a **prospective** client（見込み客）

get back to ＋人

（折り返し連絡する）
call back や return one's call も同じ意味です。特にイギリスでは call の代わりに ring（ベルが鳴る）を使い、ring back（折り返し電話する）と言ったりします。

会社説明（Company information） 135

Jamie's advice　こんな言い方もできます

> 1. **a subsidiary of ...**（〜の子会社）
> 2. **an affiliate of ...**（〜の関連会社）
> 3. **a recent merger of ...**（〜の最近の合併）

> 1. **We specialize in ...**（〜に特化している）
>   専門性が認められる表現です。
> 2. **We deal in ...**（〜の分野でビジネスをしている）
>   多岐にわたるビジネス分野に使うことができます。
> 3. **We offer ...**（我々は〜を提供している）
>   2と同様に、特に専門性を示すものではありません。

> 1. **We sealed a deal with ...**（〜との取引を締結した）
>   seal は「調印する」。
> 2. **We closed a deal with ...**（〜との取引を完了した）
>   交渉に長期間かかった場合に。
> 3. **We bagged ourselves a deal with ...**（〜との取引をまとめた）
>   カジュアルな言い方です。

Business Tips 会社説明の際のポイント

　ヴァージン・グループのリチャード・ブランソン会長と一緒に、ダイエーの中内功会長にヴァージン・コーラを売り込んだことがあります。
「ヴァージン・コーラは炭酸の量が多いので、シュワッとする清涼感が既存のコーラ飲料よりも強く、若者受けします」
「500ml を 88 円でダイエーとローソンで販売していただきたい。大手は350ml を 120 円で売っているので、非常にお買い得です」
などと熱のこもったプレゼンをしました。
　その結果、大量の注文と独占契約を勝ち取ることができました。
　このようにまったく新規の取引相手に商品を売り込むためには、的確な会社説明をして信頼を獲得することが最重要です。
　まずは「お買い得感を印象づける」とか「ブランディングを重要視する」などの基本的な経営方針を説明します。そして現在の売上規模と社員数と担当社員などを紹介して、安心していただきます。
　また、現在の主要な取引先も告げて、「あそこが取引しているのだったら、うちもやろう！」という気持ちになってもらいます。
　礼儀を守り、笑顔で売り込みつつ、毅然としてポリシーを告げることが重要です。

English Tips

間違えやすい語句(4) **last**と**lust**

last が「最後の」を表すことはご存じですね。また「ありそうもない」という意味にも使われます。
例：They took the **last** train home.（彼らは終電で家に帰った）
　　It's the **last** thing I want to do.（それは私が最もやりたくないことです）
last は、動詞として使われると、「継続する」という意味になります。
例：Our love will **last** forever.（私たちの愛は永遠に続くだろう）
ところが、a が u に代わって lust となると、「欲望」の意味になるので注意してください。
例：He has too much **lust** for women.（彼は女性への欲望が強すぎる）

会社説明（Company information）

CHAPTER 8

02 自社の強みを説明する
Introducing your company's strong points

TRACK 28

Dialogue　　　　　　　　　　A: 業界雑誌記者　B: メーカーの広報担当者

A: What are the strong points of your company?

B: Our company is very much R & D driven. We manage to differentiate ourselves from our competitors by featuring cutting-edge technology in our product planning. We have many innovative products in the pipeline. What's more, we have strong relationships with our distributors.

A: What is the basic branding philosophy of your company?

B: Three H's. High Quality, High Prestige and High Price.

A：御社の強みは何ですか？
B：弊社は非常に研究開発志向です。製品計画に最先端の技術を取り入れることによって、競合他社との差別化を図っています。多くの先進的な製品を開発中です。それに加えて、卸売業者との強い関係を持っています。
A：御社の基本的なブランド哲学は何ですか？
B：3つのHです。ハイ・クオリティ、ハイ・プレステージ、ハイ・プライスです。

Vocabulary

R & D（研究開発 = research and development）　driven（〜主導の、〜志向の）　feature（〜を特色にする）　cutting-edge（最先端の）　innovative（先進的な）　in the pipeline（進行中の）　distributor（卸売業者）　branding philosophy（ブランド哲学）　prestige（名声、評判）

138　社外とのやりとり編（Dealing with people outside the company）

自社の強みを説明する際の重要表現

differentiate oneself from one's competitors

（競合他社との差別化をはかる）
differentiate（差別化をはかる）の意味は、different（異なる）を知っていれば察しがつくと思います。なお、differentiate は from と一緒に使われます。派生語には differentiator（差別化要因）があります。
[例文] Customer service excellence is one of the major **differentiators** of our company.
（質の高いカスタマーサービスが弊社の主要な差別化要因の 1 つです）

cutting-edge technology

（最先端の技術）
cutting-edge は文字通り「刃先」のことで、「先端」はここから来ています。cutting-edge business（最先端ビジネス）や cutting-edge design（最先端を行くデザイン）など、技術や流行に関する語句を形容します。

product planning

（製品計画）
どのような性能・デザイン・価格の製品をいつ導入して、累計で何台くらい販売するかといった計画のこと。planning は形容詞としても使え、planning horizon（計画期間）や planning principal（計画原理）などを作ります。

Three H's. High Quality, High Prestige and High Price.

（3 つの H です。ハイ・クオリティ、ハイ・プレステージ、ハイ・プライスです）
Three H's のように、単語の頭文字をとり、ビジネススローガンを掲げることがあります。例えば、マーケティングミックスについての Four P's. であれば、Product（商品）、Price（価格）、Place（流通）、Promotion（プロモーション）を意味します。スローガン手法はマーケティングやブランディングのコンセプトを端的に、かつ明確に伝えるのに役立ちます。ぜひ、皆さんも英語による自社（社内）スローガンを一考してみてはいかがでしょうか。

Jamie's advice こんな言い方もできます

---

1. **What are the strong points of your company?**（御社の強みは何ですか？）
   💬 持ちうる限りの強みについて尋ねています。（※複数に及ぶ）
2. **What is your company's forte?**（御社の最大の強みは何ですか）
   💬 「これこそが」という最大の長所について尋ねています。（※1つだけ）

---

1. **Our company is R & D driven.**（弊社は研究開発志向です）
2. **Our company is market driven.**（弊社は市場志向です）
   💬 2つの対比した言い方です。

---

1. **in the pipeline**（進行中）
   💬 「まだパイプの中にあるけれども、もうすぐ出てくる」、つまりもうすぐ完了するというイメージ。
2. **in the works**（仕掛中）
   💬 基本的には1と同じ意味ですが、よりアメリカ的な表現です。

---

1. **What's more**（その上）
   💬 意外なものや、面白そうなものを追加するときに。
2. **To top it off**（その上）
   💬 1よりもカジュアルな言い方です。
3. **Also**（また）
   💬 それまでの流れを引き継ぎ、肯定なら肯定を、否定なら否定を強調します。▸ in addition や furthermore は書き言葉としてよく使われます。

> **Business Tips** 自社の強みを説明する際のポイント

　私がアメリカにあるスマートフォンのカバーメーカーの役員だったとき、新規取引先候補に対して自社を説明する機会がありました。
　相手はアメリカ最大級のスーパーマーケットチェーンで、近年スマートフォンのアクセサリーの売り上げを伸ばしてきていた有望企業です。
　その相手に対してどのように自社を説明すれば取引を行ってくれそうか、その戦略を役員会議で相談しました。

① 当社は設立して5年の新進気鋭の企業だが、株式をNASDAQに上場しているきちんとした企業である。→上場時の写真を見せる。
② 斬新な製品を続々と導入して、売り上げを毎年30％以上伸ばしている。→売上チャートを見せる。
③ ブランディング活動を積極的に展開して、ブランド価値が高い。→その広告のサンプルを持参して見せる。

　このように自社の成長を裏付ける公的資料を示すことにより、信頼を得る努力をした結果、無事、新規取引口座を開設することができました。

English Tips

間違えやすい語句（5）　letとrent

ロンドンの街を歩いていると、マンションや家に **to let** という看板がかかっていることがあります。「貸家」という意味です。これは、アメリカでは **for rent** になります。
to let（貸家）はイギリス独特の表現ですが、letは通常、「（人やものに）〜させる」という意味の他動詞として使われます。ビートルズの名曲「**Let** It Be」は、"それをそのままにさせておく"から「なるがままに」と解釈します。
Let your hair down and have a drink with me. の let your hair down は、髪をおろして→「くつろいで」という意味ですね。

会社説明（Company information）

社外とのやりとり 編
Dealing with people outside the company

CHAPTER
9

交渉
Negotiations

01 価格を交渉する
Negotiating price

Dialogue　　A: 輸入販売会社の仕入れ担当者　B: メーカーの営業担当者

A: Let's move on to the matter of pricing. Your current CIF Yokohama is $60 per unit. If we double our order, would you consider giving us a discount of 10%?

B: Mr. Tanaka, you drive a hard bargain. We'll go to 7% and that's our final offer.

A: We'd accept this offer on the condition that we also receive advertising support, as running ads in Japan is expensive.

B: Seeing as you're from such a prestigious company, let us discuss it internally and get back to you when we reach a decision.

A：価格の件に移りましょう。現在の CIF 横浜の値段は 60 ドルです。もしも注文を倍増したら、10％の割引を考えていただけますか？
B：田中さん、タフな条件を出されますね。7％でいかがでしょうか。これ以上は無理です。
A：広告援助金もいただけるという条件で、そのご提案をお受けしましょう。日本で広告展開をするのは、費用がかかるものですから。
B：御社はプレステージの高い企業ということを考慮して、その件は社内で検討して、結論に達した段階でご連絡します。

Vocabulary

per unit（1 ユニットあたり）　double（倍にする）　drive a hard bargain（タフな条件を出す）
advertising support（広告助成金）　run ads（広告を出す）　prestigious（一流の）

価格交渉の際の重要表現

CIF Yokohama

（CIF 横浜）
CIF は cost, insurance and freight の略で「運賃保険料込み値段」のこと。これに対する言葉が FOB (free on board) で「本船渡し」の意味。

drive a hard bargain

（タフな条件を出す）
「ひどく値切る」こと。ask for a discount は相手にお願いする感じですが、drive a hard bargain は自分に有利なように商談を進めるイメージがあります。また、値段のみならず、注文数や納期など、交渉を強気で進めるという場合にも使われます。

That's our final offer.

（これ以上は無理です）
one's final offer は「最終提示価格」。「ぎりぎりの値段」は one's lowest price です。
[例文] Will you quote us **your lowest prices**?
　　　（ぎりぎりの値段を教えていただけますか）

ads

（広告）
ads は advertisements の略称で、カジュアルな言い回しです。なお、アメリカ英語とイギリス英語とでは advertisement のアクセントの位置が異なります。※太字の部分が強アクセント（最も強く発音する箇所）です。
[例文] アメリカ英語では adver**ti**sement（アドヴァ**タイ**ズメント）
　　　イギリス英語では ad**ver**tisement（アド**ヴァー**ティスメント）
ちなみに、イギリスでは「広告」のことを advert とも言います。

discuss it internally

（社内で検討する）
internally は「社内の」。internal memo（社内メモ）は内部の人間が読むメモのことです。ちなみに「社外秘」は For internal use only.

交渉（Negotiations）　145

Jamie's advice こんな言い方もできます

1. **Let's move on to the matter of pricing.**（価格のことに移りましょう）
2. **Let's turn to the matter of pricing.**（価格のことに移りましょう）
   💬 どちらもほぼ同じ意味で使われます。

1. **Would you consider doing …?**（〜することをお考えいただけますか）
2. **Would you think about doing …?**（〜することを考えてもらえますか）
   💬 1 をカジュアルにした言い方です。

1. **on the condition that …**（〜という条件下で）
   💬 フォーマルな言い方です。
2. **provided that …**（〜ならば）
   💬 一般的な言い方です。

1. **when we reach a decision**（決定に到達したとき）
2. **when we come to a decision**（決定に至ったとき）
   💬 1 と 2 共に、決定に際して「熟慮した」という含みがあります。
3. **when we make a decision**（決定を下したとき）
   💬 決定までの「スピード感」があります。

Business Tips　買付交渉の際のポイント

　ダイアログのような買付交渉は、売り込み交渉よりも面白いです。特に買い付ける側が非常に販売力があって、売りたい企業がどうしても扱ってほしいという立場での交渉は、強気で行けます。

　例えば、私が特別顧問をしているFOX社は、世界各国からスマートフォンやiPad用のケースを輸入販売していますが、日本での販売力が抜群です。その評判を聞きつけて、世界中のメーカーが売り込みをしてきます。こういう超有利な状態では、次のような交渉が可能です。

①買付数量を裏付けにして、最低限の価格を要求する。
②初年度の販売数量は保証しない。
③日本での独占輸入権を主張する。
④広告援助金を要求する。
⑤支払条件は、相手が前払いを要求してきても拒否して、商品到着後1カ月に送金する。

　ビジネス交渉は、いつもパワーゲームなのです。

English Tips

間違えやすい語句(6)　riseとraise

riseは「立ち上がる、起床する」ということ。rise early（早起きする）という表現があります。また、Rise and shine!（朝ですよ。さあ起きましょう）と親御さんが子どもに言います。
一方、riseによく似たraiseは「上げる」という他動詞。ケルティック・ウーマンの名曲「You Raise Me Up」は「あなたは私を引き上げてくれる」の意味です。ロンドンのカジノに行ったとき、ディーラーからDo you want to raise your bet?（掛け金を上げますか？）と言われたのを覚えています。

交渉（Negotiations）　147

02 新たな仕入れ先候補と交渉する

Negotiating with a potential supplier

Dialogue A: 輸入販売会社の仕入れ担当者　B: メーカーの営業担当者

A: We're considering placing an order of 10,000 units. If we do so, what would be your best price?

B: We'd be willing to give you a 30% discount from the retail price, meaning 240 yen per unit. On top of that, we'd be prepared to offer an additional 2% settlement discount if you settle through prepayment.

A: That's a fair proposal. However, it would be vital that we receive the goods in time for the holiday season.

B: From our side, that wouldn't pose a problem.

A：1万台を注文したいと考えています。もしそうしたら、御社のベストプライスはいくらですか？
B：定価から30％引き、つまり1台240円にさせていただきます。さらに前払いをしていただければ、2％の支払リベートをお支払いします。
A：納得の行くご提案ですね。しかし、年末商戦に間に合うように商品を受け取ることが最重要です。
B：当方では、それは問題ではありません。

Vocabulary

place an order（注文する）　be willing to do ...（〜する意思がある）　retail price（小売価格）　additional（追加の）　prepayment（前払い）　vital（必要不可欠な）　pose（〜を引き起こす）

148　社外とのやりとり編（Dealing with people outside the company）

仕入れ先候補と交渉する際の重要表現

one's best price

（ベストプライス）
p.145 で one's final offer（最終提示額）と one's lowest price（ぎりぎりの価格）の表現を学びましたが、one's best price（ベストな価格）は the most possible negotiable price（交渉できうる限りの価格）という意味。fair price（適正価格）や competing price（競合価格）も覚えておきましょう。

On top of that

（その上）
in addition（加えて）と同義です。通例 on top of that の形で使われますが、that の部分を他の単語や語句に入れ換えて具体的に説明することも可能です。
[例文] on top of **everything else**（他のすべてに加え）
　　　on top of **the benefit**（その恩恵に加え）

We'd be prepared to offer an additional 2% settlement discount if you settle through prepayment.

（前払いをしていただければ、2%の支払リベートをお支払いします）
settlement discount は「支払リベート」。settle through prepayment は「前払いする」の意味。売る側としては1日も早く支払ってほしいので、リベートを提供することで早期支払いを促したいのです。

It would be vital that ...

（～は必要不可欠である）
necessary や important と同様に、vital は it is 構文と大変相性が良い形容詞と言えるでしょう。なお「必要不可欠さ」を表す形容詞はいくつかありますが、その強度は次の通りです。（強）vital ＞ requisite ＞ necessary（弱）

in time for ...

（～に間に合うように）
「締切り内に」ということ。一方、on time は「きっかりに」という意味。
[例文] We arrived at the airport **in time for** the departure.
　　　（出発に間に合うように空港に到着した）
　　　The plane left **on time**.
　　　（飛行機は定刻に出発した）

交渉（Negotiations）　149

Jamie's advice こんな言い方もできます

---

1. We'd be willing to give you ... （〜をあげたい）
💬 喜んでそうしたいという気持ちが表れています。

2. We'd be prepared to give you ... （〜をあげる用意がある）
💬 その準備はすでにできています。

3. We'd be happy to give you ... （〜を差し上げたい）
💬 好意的な気持ちが感じられます。

4. We'd be more than happy to give you ... （ぜひとも〜を差し上げたい）
💬 「ぜひそうしたい」という願いが最も強く込められています。

---

1. meaning 240 yen per unit （単価が 240 円ということです）
💬 一般的な言い方です。

2. which equates to 240 yen per unit （単価は 240 円の計算になります）
💬 フォーマルな言い方です。

---

1. from our side （我々サイドとしては）
2. on our part （我々の立場としては）
3. for us （我々にとって）
💬 ややカジュアルな言い回し。

---

1. That wouldn't pose a problem. （問題を引き起こすことはないでしょう）
💬 pose は問題などを「引き起こす」「もたらす」という意味です。

2. That wouldn't be a problem. （問題にはならないでしょう）
💬 1 と同じ意味ですが、こちらのほうがより口語的です。

Business Tips 仕入れ先候補と交渉する際のポイント

　取引を新たに始めるときの最大の課題は、きちんと支払ってくれる相手かどうかを見極めるということです。そのために、海外の取引先とは多くの場合、前払いという条件がつきます。

　全額前払いであれば最高ですが、次の折衷案としては、発注時に半額を払ってもらい、商品到着後1週間以内に残額を払ってもらうという形です。支払方法は、銀行振り込みまたはLC (Letter of Credit) つまり信用状での支払いです。

　海外の新規取引相手は、お互いに信用しないところから支払条件交渉が出発します。できるだけ確実な方法を勝ち取ることが肝要です。

　数カ月取引をやってみて、まったく問題がなければ、国内取引のように当月末締めの翌月末振り込みに移行していくのもよいでしょう。

　まずは、「相手を信用しない」ところから始めれば、痛い目に遭うことを回避できます。

English Tips

間違えやすい語句(7) lieとlay

lie は「横たわる」の意味で、lay は「横たえる」の意味です。

例：I will **lie** down and relax for a minute.（しばらく横になってリラックスします）
　　Lay a baby on its front.（赤ちゃんをうつぶせに寝かす）

lie は「嘘をつく」という意味でも使われます。一方、lay には「卵を産む」や「制定する」という意味もあります。

例：He **lied** about his age.（彼は年齢について嘘をついている）
　　This bird **lays** one egg every day.（この鳥は、毎日卵を1個産む）
　　Lay down the ground rules.（基本原則を決めなさい）

03 日本の市場状況と買付計画について説明する

Describing the market situation in Japan and your purchase schedule

TRACK 31

Dialogue　　A: 日本の自動車メーカーの仕入れ担当者　B: 海外の部品メーカーの営業担当者

A: The automotive industry in Japan has been in a slump for the past several years. However, since the start of this year, it seems to be picking up.

B: I'm very happy to hear that. Does that mean that you're looking to purchase more components from us next year?

A: We're still undecided about it. However, we'll be more eager to place a larger order if you can come down on the pricing.

B: Please bear in mind that if you decide to double your order, we'd be able to offer you an additional 10% discount.

A：日本の自動車産業は過去数年間停滞しています。しかし、年初以来、上向いてきているようです。
B：それを伺って嬉しいです。すると、来年はより多くの部品を購入していただけるということですか？
A：それについてはまだ決めかねています。しかし、もしも価格を引き下げていただけるなら、注文を増やすつもりでいます。
B：もしも注文を倍増していただけるなら、10%の追加割引を差し上げます。

Vocabulary

automotive industry（自動車産業）　be picking up（上向きである）　component（部品）
undecided（未決定の）　bear in mind（心に留める）　double（倍にする）

152　社外とのやりとり編（Dealing with people outside the company）

市場状況と買付計画について説明する際の重要表現

in a slump

（停滞して）
日本語の「スランプ」は、心が一時的に沈んだり、（仕事などが）うまくいかずに行き詰まるなど、心理や行動にまつわる言葉として用いられますが、英語では価格が暴落する、売り上げががた落ちする、事業が不振に陥るといったように、事態の急激な変化について使われます。また、ダイアログにある通り、継続的な低迷が続いている場合は in a slump と表現します。

[例文] The report indicates the **slump** in profits. ※急激な変化
（その報告書は収益の急激な落ち込みを示している）
The industry is **in a slump**. ※低迷の状態
（その産業は低迷している）

be picking up

（上向きである）
「良いほうに向かっている」という過程を示す表現なので、進行形のかたちで用います。

place a larger order

（注文を増やす）
動詞 place の語義は「置く」ですが、ビジネスでは「注文する」「発注する」という意味でよく使われます。place a large order は「大量に注文する」。ダイアログでは larger と比較級になっているので、注文の量を "拡げる" → "増やす" と解釈します。

come down on the pricing

（価格を引き下げる）
come down on ...は、「〜を要求する」。ダイアログの come down on the pricing を直訳すると「価格づけを要求する」となりますが、つまりは「値段の引き下げ」を交渉しているという背景が見えてきます。

💬 Jamie's advice こんな言い方もできます

---

1. **I'm looking to do ...**（〜しようと思っている）
   💬 視線は未来に向いています。look to do ...は、視覚的に何かを「見る」ではなく、体験的に「〜しようと試みる」。
2. **I'm planning to do ...**（〜しようと計画している）
   💬 より具体的に計画を練っている場合はこちらを使います。

---

1. **We're still undecided about it.**（それについては決めかねています）
   💬 イギリス英語の表現に We're in two minds about it. があります。意味は1とほぼ同じですが、「2つの心の間で揺れているから決心がつかない」というニュアンスが含まれます。
2. **We haven't decided yet.**（まだ決めていません）
3. **I'm having second thoughts about ...**（〜について再考中です）
   💬 いったんは決めたけれども撤回するかもしれない、という展開も考えられます。

---

1. **Please bear in mind that ...**（〜を覚えておいてください）
   💬 すでに伝え済みのことについての念押し。
2. **Please know that ...**（〜をご承知おきください）
   💬 新しい情報の伝達。
3. **Please be aware that ...**（〜にご留意ください）
   💬 意味は2と似ていますが、悪い知らせを伝える場合もあります。

---

1. **an additional 10% discount**（10%の追加割引）
   💬 フォーマルな言い方です。
2. **an extra 10% discount**（さらに10%の割引）
   💬 より一般的な言い方です。

Business Tips 日本の市場状況と買付計画について
説明する際のポイント

　ダイアログのような商談の際、取引相手の外国の人たちは日本の経済についてあまり知らない場合が多いものです。したがって、買付計画を相談する前に、マクロ経済の説明も行うとより一層理解が深まります。

　日本経済のGDPの伸び、東京証券取引所の株価の推移、ドル円の推移、日銀とFRBの金利政策の比較など経済全体をまず説明します。その後で、業界の推移、競合他社の動き、シェア、キャンペーンなどをカバーします。最後に自社のビジネスの推移、今後の販売予測、キャンペーン計画などを説明した後で、買付計画を提示します。

　プレゼンを受ける側の外国企業にとっては、活きた日本経済の状況を聴く非常に貴重な機会です。

　お互いにこれだけの経済状況の理解をシェアしていると、買付計画の相談も非常に的を射た有効なものになることでしょう。

English Tips

間違えやすい語句(8)　**take up** と **make up**

take up は、「取り上げる」とか「就任する」という意味です。
例：He **took up** the position of the chairperson of his company.（彼は会社の会長職に就いた）
また、まったく違う意味で、The piano **takes up** a lot of space.（そのピアノは大きな面積を占める）のようにも使われます。
一方、make up は「でっちあげる」とか「ねつ造する」という後ろめたい表現です。「彼は平気でうそをつく」を、He tells a lie. と言わずに He **makes up** a story.「彼は物語をでっちあげる」と言うと、頭が良くて、悪知恵が働くニュアンスが伝わってきますね。

交渉（Negotiations）

04 銀行に融資を依頼
Requesting a loan from a bank

Dialogue　　　A: 企業の経理担当者　B: 銀行の貸付担当者

A: We've been analyzing our cash-flow and we've come to the conclusion that we need to take out a loan of $2 million by the end of the month. Could you help us?

B: You have enough assets as collateral and a good credit rating so that shouldn't be a problem. In fact, would you like to borrow more, say $3 million?

A: It's more than we require, but it could come in handy. We'll consider it if you give us a lower interest rate.

B: How about 1.2% instead of 1.5%?

A：資金繰りを分析した結果、月末までに200万ドルのローンが必要だという結論に達しました。援助していただけますか？

B：担保物件は十分にお持ちで、信用度も優良なので、問題ありません。実際のところ、もう少し多めに借りていただけませんか？　例えば300万ドルではいかがでしょうか。

A：それほど必要ありませんが、便利ですね。もっと低い金利をいただけるのであれば、考えてみましょう。

B：1.5％ではなく、1.2％ではいかがでしょうか？

Vocabulary

cash-flow（資金繰り）　asset（資産）　collateral（担保）　credit rating（信用格付け）　say（そうですねえ、例えばですが）※間投詞　interest rate（金利）

銀行に融資を依頼する際の重要表現

We've come to the conclusion that ...

(〜という結論に達しました)
決断までの熟考が想定される表現です。一方、conclude（結論を下す）は決定事項の通達であり、決断に際する一連の流れを示唆するものではありません。

[例文] We **have come to the conclusion** that the introduction of a new personnel proposal is needed immediately.
（新人事案の導入が早急に必要であるという結論に達しました）

The report **concluded** that the cheapest option was to close the branch.
（報告書は、最もお金のかからない選択肢は支店閉鎖であると結論づけました）

assets as collateral

(担保物件)
collateral は「担保」のこと。形容詞として使った場合は「付加的な」。銀行借り入れをする場合、万が一支払い不能に陥ったときに銀行が差し押さえできる土地、建物、定期預金などを指します。

We'll consider it.

(考えてみます)
「少しお時間をください」という含みがあり、即答を避けています。なお、sleep や think を使った同様の表現もあります。

[例文] Let me **sleep on it**.（一晩考えさせてください）
I'll **think about it**.（考えておきます）

give us a lower interest rate

(もっと低い金利を提示する)
交渉中の金利よりもさらに低い金利のこと。the lowest interest rate は低くできうる限りのレート、つまり「ギリギリの金利」。

Jamie's advice こんな言い方もできます

---

1. **analyze one's cash-flow**（資金繰りを分析する）
2. **take a look at one's cash-flow**（資金繰りを見てみる）
   💬 上記よりもカジュアルな言い方です。
3. **scrutinize one's cash-flow**（資金繰りを精査する）
   💬 徹底した調査です。

---

1. **take out a loan**（資金を借りる）
   💬 正式に銀行から借り入れを起こすということ。フォーマルな表現です。
2. **borrow money**（お金を借りる）
   💬 銀行、友達、家族などからの借り入れに対して使います。

---

1. **Could you help us?**（手伝ってもらえますか）
   💬 「手伝って」と直接お願いしています。
2. **Do you think that you'd be able to help us?**（お手伝いを願えますか）
   💬 そうするかどうかを決めるのは、質問された側にあります。
   ▸ What can you do for us?（何をしてくれるの？）は押しつけがましく、大変失礼です。

---

1. **It could come in handy.**（役に立つかもしれませんね）
   💬 将来的に状況が悪化した場合、それは役立つかもしれないということ。
2. **It could help us out.**（それによって助けられるでしょう）
   💬 help out は「（苦境や困難から）人を救い出す」という意味なので、この段階で現状が良くないことがわかります。

Business Tips 銀行に融資を依頼する際のポイント

　海外に赴任して、財務責任者になったとき、現地の銀行から融資を受ける場合があります。その交渉の際、大切なことは次の点です。
①こちらが借りたい度合いと、銀行が貸したい度合いのどちらが強いのかを理解しておく。
②必ず複数の銀行と交渉して、条件競争で最低金利を勝ち取る。
③銀行は、こちらが借りたいときは、貸し渋るし、こちらに資金が潤沢にあると、逆に融資を持ちかけてくる傾向がある。
④いざ借り入れを起こす場合に備えて、現金、建物、土地、有価証券など担保物件として使える資産を充実させておくこと。

　特に海外の銀行との付き合いで留意する点は、日本に比べて、支店長の裁量が大きい場合が多いことです。支店長と個人的に親しくなって信頼を勝ち得ると、相当な融資をしてくれたり、有利な金利を提供してくれたりする可能性が生まれます。

English Tips

間違えやすい日本語英語（1）

外来語として、英語が日本語の中に入っているケースは多くありますが、それらが間違って使われる場合がたびたびあります。正しい英語を使いましょう。
1.（誤）エンターティナー　（正）エンターテイナー entertainer
2.（誤）プレゼンテイター　（正）プレゼンター presenter
3.（誤）ファンタジック　　（正）ファンタスティック fantastic

社外とのやりとり 編
Dealing with people outside the company

CHAPTER
10

注文
Order

01 メーカーに注文する
Ordering from a manufacturer

TRACK 33

Dialogue　　　　　A: 輸入販売会社の仕入れ担当者　B: メーカーの営業担当者

A: We'd like to place an order for 10,000 more tablets, as long as you can get them to us by the end of October. We already have 5,000 sets on back order.

B: I'm sorry, but we're flooded with orders right now. Would mid-November be acceptable?

A: That's not a viable option for us. However, we'd be prepared to pay a supplement of $1 per unit for early shipment.

B: Can I get back to you on that? I'll discuss it with our suppliers to see if we can figure something out.

A：10月末までに納品していただけるのであれば、タブレットを1万台注文したいと思います。すでに5000台のバックオーダーを抱えています。
B：申し訳ありませんが、注文が殺到しています。11月中旬ではいかがでしょうか。
A：それは当社にとって、実行可能な選択肢ではありません。しかし、早く納品していただけるのであれば、1台あたり1ドル余計に払う用意があります。
B：それについては、折り返しすぐにご連絡差し上げてもよろしいですか？ 何とかできるように、部品メーカーと検討してみます。

Vocabulary

be flooded with ...（～が殺到する）　acceptable（受諾できる）　viable（実行可能な）
supplement（追加）　see if ...（～かどうか確かめる）　figure out（考え出す）

社外とのやりとり編（Dealing with people outside the company）

メーカーに注文する際の重要表現

back order

(バックオーダー)
back orderは在庫切れによる「取り寄せ注文」のこと。人気商品にはバックオーダーがよくかかります。

be flooded with ...

(〜が殺到している)
floodは「洪水」で、注文や予約が洪水のように殺到している、溢れかえっているとイメージします。類似表現に be inundated with ...がありますが、こちらは p.18 に出てきましたね。
[例文] We're flooded with orders.
　　　(注文が殺到している)
　　　We're inundated with inquiries.
　　　(問い合わせが殺到している)

Would mid-November be acceptable?

(11月中旬ではいかがでしょうか)
Would you be able to accept on the mid-November? と尋ねることもできますが、やはり表題のほうをお薦めします。というのも、無生物(ここではmid-November)を主語にすることで、より客観性を高めることができるからです。仮に Would you be able to ...? と質問された場合に「いいえ」と答えたなら、それは自分の判断が「いいえ」だからです。しかし、表題のように聞かれて「いいえ」なら、それは物理的に無理だということです(たとえそれが話者の主観的ジャッジであったとしても、文はそれを示唆しません)。上級レベルの英語力には、このような機転が常に求められます。

That's not a viable option for us.

(当社にとって、実行可能な選択肢ではありません)
成功に向けて、やれるかどうかの判断を求められるとき、viable は「きっとうまくいくだろう」というポジティブな見通しを与えます。しかしながら、ダイアログでは否定文となっているので、その実行可能性の低さを示しています。

注文 (Order)　163

Jamie's advice こんな言い方もできます

---

1. place an order（注文を入れる）
💬 大量の注文を企業に発注する場合にも使えます。

2. order（注文する）
💬 より一般的で、個人ベースの受注も可。

---

1. as long as you can get them to us by the end of the month（月末までに納品していただけるのなら）
💬 as long as（～であるならば）は条件を表す一般的な表現です。

2. provided that you can deliver them to us by the end of the month（月末までに配送していただけるという条件であれば）
💬 provided that は 1 よりもフォーマルな言い方です。なお、that は省略可能です。

---

1. pay a supplement of $1（追加料金の 1 ドルを払う）
💬 フォーマルな言い方です。

2. pay an extra $1（追加の 1 ドルを払う）
💬 1 よりもカジュアルな言い方です。

---

1. see if we can figure something out（何かできないか考える）
💬 思案しているのは話者本人です。

2. see if we can work something out（何かできないか工夫してみる）
💬 こちらも 1 と同じ意味で、工夫を凝らそうとしているのは話者本人。

3. see if we can come to an arrangement（いい方法を考える）
💬 双方が創意工夫を生かし、共に努力するという背景が見えます。

Business Tips **メーカーに注文する際のポイント**

　需要の変化というものは、ほとんどの業種で共通しています。2月と8月が底で、3、4月の新年度需要と11、12月の年末需要が高いのです。
　従って多くの小売業者は、そこから1カ月前倒しした2、3月と10、11月に商品を納品してほしいものです。
　しかし在庫として1カ月でも抱えると、それだけ仕入れコストや倉庫料がかかります。そこで納期をめぐる交渉が、メーカーと小売業との間で真剣に行われます。
　特に外国企業との取引では次のことに注意しましょう。
①生産、輸入などに時間を取られるので、6カ月くらい前には発注する。
②輸送手段はできる限り、格安の船便を利用する。
③発売日に年末商戦に間に合わせるために緊急輸入をするときは、航空便を使わざるを得ない状況が発生するので、そのコストを払えるだけの余裕を持って価格設定を考える。
④発展途上国から輸入する場合は、着荷検査をしっかり行い、品質を確認する。

English Tips

間違えやすい日本語英語（2）

さらに、間違われがちな英語をご紹介しましょう。ビジネスパーソンたちの会話に出てくる言葉です。
1.（誤）サラリーマン
　　（正）メイル・オフィスワーカー male office worker
2.（誤）OL オフィスレディ
　　（正）フィーメイル・オフィスワーカー female office worker
　※性別を強調すべきときのみ、male や female をつけます。
3.（誤）ガードマン　　　（正）ガード guard
4.（誤）フリーダイヤル　（正）トゥルフリーナンバー toll free number

02 売れ行きが悪い商品の一括注文を取る

Taking a one-off order of a slow-selling product

TRACK 34

Dialogue　　　　　A: メーカーの営業担当者　B: 小売チェーンの仕入れ担当者

A: Seeing as we have an excessive amount of inventory of our model XJ-125, we would like to offer you the lot at a very special price.

B: This model isn't so in demand any more. But we'd be happy to help you out, seeing as you help us so often. You can count on us.

A: Thank you. We propose that you take all 1,000 units, and in return, we'll offer you exclusivity, an additional 20% discount on the wholesale price, and a deferred payment plan.

B: That sounds very reasonable. OK, you have a deal! Let's draw up a contract.

A：XJ-125 が過剰在庫になっておりまして、そのロットを特別価格で御社にお売りしたいのですが。
B：このモデルはもうあまり人気がありません。しかし、御社はわが社を何度も助けてくださっているので、お力になりましょう。
A：ありがとうございます。1000 台すべてを引き取っていただけたら、その代わりに独占権と仕切り価格の 20％引きと延べ払いを提案させていただきたいと思います。
B：それは非常に妥当だと思います。ではそれで行きましょう！　契約書を作成しましょう。

Vocabulary

one-off（一括の、1 回限りの）　slow-selling（売れ行きの悪い）　excessive（過剰な）　inventory（在庫）　lot（商品の一単位、一口）　in return（その代わりに）　exclusivity（独占権）　wholesale price（卸売価格）　deferred payment（延べ払い）　draw up a contract（契約書を作成する）

166　社外とのやりとり編（Dealing with people outside the company）

売れ行きが悪い商品の一括注文を取る際の重要表現

help + 人 + out

（助ける）
help は単に「手伝う」ですが、help + 人 + out は「助け出す」。つまり、help out を求めている人は、何らかの理由で困った状態にいます。

You can count on us.

（お力になりましょう）
count on と rely on はどちらも「～を頼りにする」という意味を持ち、文脈内で交換可能です。なお、trust も「頼る」という視点では類語にあたるのですが、こちらは信頼関係に重点が置かれています。

We propose that you do ..., and in return, we will do ...

（～していただけたら、その代わりに～することを提案したい）
前提条件に基づく提案の文です。"前件"の条件に対し、その返礼として"後件"を行うと言っています。ダイアログでは「1000台すべてを引き取ってもらうこと」が前件で、「独占権と仕切り価格の20%引きと延べ払いをすること」が後件にあたります。

an additional 20% discount on the wholesale price

（仕切り価格の20%引き）
仕切り価格とは、卸売業者から小売業者に販売が行われる際の価格のこと。小売価格の7掛けとか6掛けが通常の仕切り価格（卸売価格）になります。大量に仕入れたり、古くなった商品を仕入れたりするときは、さらに割引価格を交渉することがよくあります。

You have a deal.

（それで行きましょう）
deal と言えば、株の「取引」がまず頭に浮かびますが、会話の中では双方が合意に達したときの表現として使われます。
[例文] That's a deal.（そうしましょう）※同意したとき
　　　 Deal?（いい？）※OK かどうか確認するとき

注文（Order）　167

Jamie's advice こんな言い方もできます

---

1. **an excessive amount of inventory of ...**（〜の過剰在庫）
   フォーマルな表現です。excessive は「過度の」。
2. **too much of ... in stock**（〜の在庫が多すぎる）
   1よりもカジュアルな言い回しです。

---

1. **offer the lot at a special price**（ロットを特別価格で提示する）
   聴いている人だけが受け取れる特別な提示、という含みがあります。
2. **offer the lot at a discount price**（ロットを割引価格で提示する）
   すべての聴き手に対する一律のオファーです。

---

1. **This model isn't so in demand any more.**（このモデルは、もうあまり需要がありません）
   以前は需要があった製品に対して。
2. **This model isn't so hot right now.**（このモデルは現在、あまりホットではありません）
   口語的な表現です。この hot は popular という意味です。
3. **This model isn't selling so well right now.**（このモデルは今はあまり売れていない）
   一般的な言い方です。

---

1. **We propose that ...**（〜を提案します）
2. **What we can offer you is ...**（御社に提示できることは〜です）
   聴き手に対して、特別な条件を提示しています。
3. **We suggest that ...**（〜をお勧めします）
   話し手が交渉の主導権を握っている印象があります。

Business Tips 売れ行きが悪い商品の
一括注文を取る際のポイント

　私が英国ソニーの販売部長だった頃、テレビが過剰在庫になったことがありました。イギリスの税制が変わり、売上税の代わりに付加価値税が導入されて実質的な税率アップになると、突然消費が冷え込んで、在庫が6カ月分ほどに積み上がったのです。

　通常は2カ月分の在庫で回していたので、この過剰在庫は資金繰りを圧迫し始めていました。

　そこで、販売の責任者だった私は、全国の主要なお得意先約10社を訪問して、経営者たちと直接交渉しました。このような場合に注意する点は、以下の通りです。

①引き取り数量と割引率の表を作成して、それをすべてのお得意先に適用する。
②値引き小売価格が一律に20％引きになるように交渉する。メーカーが小売価格を指図することは違法なので注意。
③特に大量に注文してくれたお得意先には、最終価格の下落に結びつかない方法で行う。広告製作費や媒体費を肩代わりすることは歓迎された。

English Tips

間違えやすい日本語英語（3）

その他の、間違われがちな英語です。日本語英語を使ってしまわないように注意しましょう。
1.（誤）アンケート　　（正）クエスチョネアー　　questionnaire
2.（誤）ベッドタウン　（正）コミュータータウン　commuter town
3.（誤）ボールペン　　（正）ボールポイントペン　ballpoint pen
4.（誤）ノートパソコン（正）ラップトップ　　　　laptop

注文（Order）

CHAPTER 10

03 取引条件を見直す
Reviewing trading conditions

TRACK 35

Dialogue　　　　　　A: 小売チェーンの仕入れ担当者　B: メーカーの営業担当者

A: We qualified for the top bracket of your kickback rebate scheme last year, but as a regular client, would you now consider applying your off-invoice discount to us?
B: Yes, we'd be happy to offer you an off-invoice discount of 5% for the next fiscal year.
A: Is there a further discount for settling the account within 7 days after receiving the invoice?
B: I'm afraid that's out of the question, but we could offer you an additional 1% discount for direct debit payment.

A：わが社は昨年、御社の期末累計仕入リベートの最高枠に到達しました。でも、常連客であるわが社に、定率割引の適用をお考えいただけませんか？
B：では、次の会計年度から、5％の定率割引を御社に提供させていただきます。
A：請求書受領後7日以内に支払った場合、追加割引はありますか？
B：いいえ、それは論外です。しかし、自動引き落としでのお払いなら、1％の追加割引を差し上げることは可能です。

Vocabulary

qualify for ...（〜に適格となる）　bracket（グループ）　kickback rebate scheme（期末累計仕入リベート）　off-invoice discount（定率割引）　direct debit payment（自動引き落とし）

170　社外とのやりとり編（Dealing with people outside the company）

取引条件を見直す際の重要表現

We qualified for the top bracket of your kickback rebate scheme.

(わが社は御社の期末累計仕入リベートの最高枠に到達しました)
kickback rebate scheme とは、半年間の仕入金額が 1000 万円に達すると、3％の割り戻しリベートを支払うというようなシステム。

off-invoice discount

(定率割引)
例えば半年間の仕入金額が最高枠の 5000 万円に達したときに 5％の割り戻しリベートがもらえるとすると、これを期末まで待って支払うのではなく、最初の請求書から自動的に 5％の割引を適用すること。5000 万円以上は仕入れてくれるだろうという相互信頼に基づく取り決めです。

We'd be happy to do ...

(喜んで〜いたします)
「次の会計年度から 5％の定率割引を提供します」と言っているように、be happy to do ...は未来へ向けての明るい提案です。
[例文] **I'd be happy to take** part in the conference next month.
(来月のカンファレンスに参加するのが楽しみです)

within 7 days after receiving the invoice

(請求書受領後 7 日以内に)
within は「〜以内」の意味。in は「〜後」です。
[例文] send it **within** 3 days (3 日以内に送る)
　　　 send it **in** 3 days (3 日後に送る)

That's out of the question.

(それは論外です)
文字通り、「問題外だ」。That's から後ろの部分を入れ換えて使うこともできます。
[例文] Further investment? That's **not a possibility**.
(更なる投資？　そんなのは絶対にありえません)
Expanding business overseas? That's **beyond the bounds of possibility**.
(海外事業の拡大？　それはすでに可能範囲を超えています)

注文 (Order)

Jamie's advice こんな言い方もできます

---

1. qualify for the top bracket（最高枠に達する）
2. be eligible for the top bracket（最高枠の資格を得る）
　💬 1 よりもフォーマルな言い方です。

---

1. a regular client（通常の顧客）
　💬 regular client には 2 つの意味があります。①常連客やお得意先のこと、②とりたてて目立つことのない普通のお客のこと。ダイアログでは①の意味です。
2. an established client（常連客）
　💬 敬意を込めた表現なので、自分自身に対しては用いません。

---

1. the next fiscal year（次の会計年度）
　💬 アメリカで使われる表現です。
2. the next financial year（次の決算年）
　💬 イギリスで使われる表現です。
3. the next calendar year（次のカレンダー年）
　💬 1 月 1 日から 12 月 31 日までを指します。

---

1. settle an account（買掛金を支払う）
　💬 合意された約束の期限内に支払いを行うということ。
2. pay off one's debt（借金を払い終わる）
　💬 未払い分を完済する、ということ。

Business Tips 取引条件を見直す際のポイント

「80対20の法則」はパレートの法則とも言われます。売り上げの80％は顧客の20％によるというもので、ビジネスでしばしば引用されます。
　メーカーの売り上げの大部分が、一握りの量販店経由のものだという事実を見据えて、どういうビジネス交渉を行うか、販売部長の手腕が問われるところです。

①販売数量、金額の確保が最重要な目標であれば、量販店との取引に重点を置きます。
②しかし量販店からの仕入れ価格の要求は非常にきつく、利益率を圧迫します。ぎりぎりどの程度まで利益率を犠牲にしてもいいか、あらかじめ明確な数字を念頭に置いておきます。
③量販店を厚遇し過ぎると、末端価格が下落する結果となり、中小小売店が太刀打ちできなくなります。
④量販店の要求ばかりを受け入れていると、最後にモデルチェンジをしたときなどは、旧モデルを問答無用で引き取ってくれ、という要求が来ます。

毅然とした態度とポリシーで付き合うことが肝要です。

English Tips

ビジネスでよく使う表現(1) get across「〜を伝える」

日常会話やビジネス会話では、難しい言葉の代わりに、やさしい動詞に前置詞や副詞がついた表現がよく使われます。get, take, have, put, set, go, come など誰もが知っている動詞を使ったフレーズを句動詞と言い、商談や会議のみならず、普段の生活の中でも頻繁に用いられています。句動詞の攻略はネイティブスピーカーに近づく道の1つと言っても過言ではありません。get across（伝える）の across は、移動の方向を表す副詞で、「自分から他の人に考えを伝える」というニュアンスです。

例：I will try to **get** my idea **across** to them.（彼らに私の考えを伝えるように努力してみよう）

注文（Order）　173

CHAPTER 10

04 注文が多すぎて商品が足りない
Too many orders and too few products

TRACK 36

Dialogue　　　A: 輸入販売会社の仕入れ担当者　B: メーカーの営業担当者

A: When are you expecting the first shipment of your new product, the MHZ-005?

B: Our factory is trying to expedite its production, and we're hoping to receive the first consignment in two weeks. This is off the record, but our main supplier went bust, so our supply chain has slowed right down.

A: I see. How soon can you deliver your goods?

B: We've had a rush of orders lately, so I'm afraid they'll be on allocation. We hope to get back on schedule as soon as possible. We appreciate your patience and understanding.

A：御社の新製品 MHZ-005 の初回の入荷はいつ頃の予定ですか？
B：弊社の工場は生産を急いでいて、初回の入荷を2週間以内と期待しています。ここだけの話ですが、弊社の主要な部品メーカーが倒産したので、サプライチェーンが遅れをきたしているのです。
A：そうでしたか。どのくらい早く、商品を発送できるのですか？
B：最近注文が殺到しているので、残念ながら割り当てになるでしょう。できるだけ早く、通常通りになることを期待しています。ご辛抱とご理解の程よろしくお願いいたします。

Vocabulary

expedite（～を早める）　consignment（引き渡すこと）　go bust（倒産する）　on allocation（割り当ての）　patience（我慢、辛抱）

174　社外とのやりとり編（Dealing with people outside the company）

注文が多すぎて商品が足りないときの重要表現

This is off the record.

(ここだけの話です)
"記録しない"から"非公式"、そして「ここだけの話」とイメージを広げていきます。和製英語の「オフレコ」もここから来ています。This is off the record. が相手の口からついて出てきたら、それは話がついに核心に入った、というサインです。

a rush of orders

(注文の殺到)
rush of ...は「〜の殺到」。ラッシュアワー(rush hour)の「ラッシュ」から、注文で溢れかえっている様子を想像することができると思います。a rush of anger (沸き立つ怒り)や a rush of joy (溢れ出す喜び)なら、気持ちの高ぶりや高揚感を表します。

on allocation

(割り当ての)
顧客から注文が殺到しているとき、いくつかの会社から合計 1000 個の注文が来たとします。メーカー側の在庫が 500 個しかなく、それぞれの注文数の50%を供給するような場合、これを allocation と言います。

We appreciate your patience and understanding.

(ご辛抱とご理解の程よろしくお願いいたします)
ビジネスでの決まり表現。appreciate のあとに patience や understanding のように協力を求める名詞(特に抽象名詞)を持ってくると、文の流れがしっくりと収まります。
[例文] We appreciate your **assistance**. (ご助力に感謝します)
　　　We appreciate your **cooperation**. (ご協力ありがとうございます)
　　　We appreciate your **feedback**. (フィードバックに感謝します)＝フィードバックを送ってくれたことに感謝します。

Jamie's advice　こんな言い方もできます

1. expedite production（生産を急ぐ）
2. speed up production（生産のピッチを上げる）
　1よりもカジュアルな言い回しです。
3. hurry up production（生産を急がせる）
　1と2同様に、「作業を早める」ということですが、生産スピードに間に合わず、担当者を急がせていることが予想されます。

1. the first consignment（最初の入荷）
　consignment は「引き渡したもの」のことで、ここでは「入荷（品）」。
2. the first batch（最初のバッチ）
　1よりもカジュアルな表現。
3. the first installment（最初の支払い）
　分割払いの1回目のこと。

1. go bust（つぶれる）
　口語表現です。
2. go bankrupt（倒産する）
　1よりもフォーマルな表現で、「倒産する」という意味で使われる一般的なフレーズです。

1. get back on schedule（元のスケジュールに戻る）
2. get back on track（元の軌道に戻る）
　スケジュールのみならず、目標に対しても使えます。

Business Tips　注文が多すぎて商品が足りない際の注意点

　新製品の発売時には、商品が多すぎるよりも、少々足りないくらいのほうが望ましいものです。消費者、小売業、問屋のすべてが新製品をほしがりますが、充足されない状況（故意的在庫不足）にあると、値崩れがせず、また製品の評判や評価が上がる結果になります。
　しかし、品薄状態があまりに極端だと、売り逃しにつながってしまいます。また、消費者や流通業者の興味が、他のメーカーの類似商品に移ってしまうことになるかもしれません。
　市場の評判や受注状況と自社の生産能力などを総合的に判断して、需要の90％位を満足させる供給を行うことが、その新製品のブランド価値、売り上げ、利益などを確保する最善の方法です。
　「満腹にさせずに、もうちょっと食べたい状況」が、ビジネスでも人間関係でも、理想的なのです。

English Tips

ビジネスでよく使う表現(2)　get even「五分五分になる」

get even（五分五分になる）の even は、「平衡状態の」とか「貸し借りのない状態」を言います。何か意地悪をされた相手に向かって、I'll **get even** with you!（覚えていろよ！）と言えば、「仕返しをしてやって、平衡状態を取り戻す」という意味です。スポーツでも、We **got even** in the last inning.（最終回で同点に追いついた）のように使います。

社外とのやりとり 編
Dealing with people outside the company

CHAPTER
11

クレーム・謝罪

Complaining and apologizing

CHAPTER 11

01 買った商品に対する苦情
Complaining about a product

TRACK 37

Dialogue　　　　　　　　　　　　A: お客様　B: メーカーのカスタマーサービス担当者

A: I bought one of your LCD TVs from James Electronics last week, but out of the blue it stopped working. I don't want to jump to any conclusions, but I think it's faulty.

B: I am sorry that our product didn't live up to your expectations. As James Electronics is one of our official dealers, we can offer you the choice of a repair or a full refund.

A: I'm looking for a full refund.

B: In that case, we will credit the account you used for purchase within 5 business days. Please fill out this returns form for us, and we will contact you to have the TV picked up.

A：先週ジェームス・エレクトロニクスから、御社の液晶テレビを買いましたが、突然作動しなくなりました。結論を急ぎたくはないのですが、これは不良品だと思います。
B：弊社の製品が期待通りでなかったことは、残念です。ジェームス・エレクトロニクスは弊社の公式小売店ですので、修理または払い戻しをさせていただきます。
A：払い戻しを希望します。
B：では、購入時に使用された口座に5営業日以内にお振込みいたします。この返品書類にご記入ください。テレビの回収をする際にご連絡します。

Vocabulary

LCD TV（液晶テレビ）　out of the blue（突然）　faulty（不良品の）　full refund（全額返金）　credit an account（口座に振り込む）　purchase（購入）　business day（営業日）　fill out（記入する）　returns form（返品用紙）　pick up（回収する）

180　社外とのやりとり編（Dealing with people outside the company）

商品に対する苦情に対応する際の重要表現

I don't want to jump to any conclusions.

（結論を急ぎたくはありません）
jump は「跳ぶ」ですので、結論に飛び乗らないとイメージすれば、文章の全体のイメージがつかめますね。「急がない」ということは、逆の視点で見れば「慎重に考える」、つまり think carefully ということです。

I think it's faulty.

（不良品だと思います）
ポイントは I think の使い方です。突然作動しなくなったテレビに対して、製造元に it's faulty と言えば、それはあからさまな苦情ですが、I think it's faulty であれば、「壊れているようですが…」とワンクッションを置いた響きになります。I think は直訳すると「私は〜と思う」ですが、このような状況の I think は maybe（多分）のニュアンスを持ち、露骨さをかき消す役割を果たします。

[例文] It's broken.（壊れています）と I think it's broken.（壊れているみたいです）

You have the wrong number.（おかけ間違いです）と I think you have the wrong number.（おかけ間違いのようです）

credit an account

（銀行口座に振り込む）
動詞の credit（振り込む）には次の用法があります。
[例文] Your account has been **credited with** $10,000.（貴口座に 1 万ドルが振り込まれました）

$10,000 has been **credited to** your account.（1 万ドルが貴口座に振り込まれました）

※語順こそ異なりますが、言わんとしていることは同じです。

within 5 business days

（5 営業日以内に）
会社が稼働している営業日のこと。within 5 working days と言い換えることもできます。

クレーム・謝罪（Complaining and apologizing）

💬 Jamie's advice　こんな言い方もできます

---

1. I am sorry that ...（すみませんが）
2. I am terribly sorry that ...（誠に申し訳ありませんが）
　💬 さらに謝罪の気持ちが込められています。
3. I am awfully sorry that ...（甚だ恐縮ではございますが）
　💬 フォーマルな言い方です。

---

1. It didn't live up to your expectations.（あなたのご期待に沿えませんでした）
　💬 つまりはお客をがっかりさせてしまった、ということ。
2. It failed to deliver.（約束を果たせませんでした）
　💬 特定の約束や取り決めが履行されなかったために、複数のお客が失望している状態。

---

1. I'm looking for ...（私は〜を希望します）
　💬 look for の原義は"探す"ですが、ここから派生して「ほしいものを求める」→「〜を希望する」の意味で使われます。
2. I would like ...（〜をいただきたいと思います）
　💬 丁寧な言い方です。▸ I want ...を多用する日本人がいますが、要求が直接すぎるため、相手に対して失礼にあたります。

Business Tips 商品に対する苦情に対応する際のポイント

　私はスマートフォンのアクセサリーをアメリカから輸入販売していたことがあります。お客様からの苦情にすべて対応しなければならず、それを通じて多くのことを学びました。

①常に「お客様は王様」として対応すること。
②購入１年以内は無料保証期間なので、無条件で修理、商品お取り替え、返金など、誠意をもって対応すること。
③感情的に電話口で怒鳴ってくるお客様とは、絶対に言い合いにならないこと。あくまでも低姿勢で、丁寧に応対して、相手の感情が収まるのを待つ。
④しかし、あまりに低姿勢になりすぎると、多くの理不尽な要求を突きつけてくるお客様も稀にいます。目に余るようであれば、毅然とした態度で「できることはできるが、それ以上は無理です」とはっきりと伝えること。

　評判を失うことは、お金に換えられない場合があるので、代替品や返金などで解決できるならそうして、長引かせたりこじらせたりしないことです。

English Tips

ビジネスでよく使う表現（3） **get over「〜を忘れる」**

get over（忘れる）の over は「超えて」という意味です。
例：We tried to **get over** the difficult situation.（その困難な状況を克服しようと努力した）
I can't **get over** you.（君のことが忘れられない）　という愛情表現にもなります。

クレーム・謝罪（Complaining and apologizing）

CHAPTER 11

02 満足していないお客に対応する
Dealing with a dissatisfied customer

TRACK 38

Dialogue　　　　　　　　A: メーカーのカスタマーサービス担当者　B: お客様

A: Tell me exactly what happened with your camera.
B: It suddenly died while I was on vacation in Greece. To make matters worse, all of our photos got erased. We've had problems with your company before, but this is the last straw.
A: As I understand it, you are upset because this problem spoiled your trip. It must have been very frustrating. We will give you a replacement free of charge. As a goodwill gesture, please take this voucher for future purchases, too.
B: Thank you very much.

A：あなたのカメラに何が起こったか、正確にご説明をお願いします。
B：ギリシャで休暇中、突然に作動しなくなりました。さらに悪いことに、すべての写真が削除されてしまったのです。以前にも御社とは問題がありましたが、これは最悪です。
A：私の理解しているところですと、この問題があなたの休暇をダメにしてしまったことで、ご立腹されているのですね。さぞ不愉快だったことでしょう。無料で代替品を差し上げます。お詫びのしるしに、将来購入されるときのためにこのクーポン券をお受け取りください。
B：どうもありがとう。

Vocabulary

die（作動しない）　get erased（削除される）　spoil（〜をダメにする）　replacement（代替品）
goodwill gesture（お詫びのしるし）　voucher（クーポン券）

満足していないお客に対応する際の重要表現

die

die は「死ぬ」ですが、ダイアログでは製品が「作動しない」という意味で使われています。die on ...という表現もあります。
[例文] My computer **died on me**. (私のコンピューターが壊れた)
　　　The car **died on him**. (彼の車が動かなくなった)

To make matters worse

(さらに悪いことに)
トラブルや不快な出来事が、度重なり発生している状態です。類似表現に rub salt into the wound (悪い事態を一層悪くする) があります。直訳すると、「傷口に塩をすり込む」ですが、「泣き面に鉢」と訳してもよいでしょう。

This is the last straw.

(これは最悪です)
the last straw は「最後の藁(わら)」。どんなに丈夫なラクダであっても、限界を越えれば、たった一本の藁を乗せただけで背中の骨は折れてしまう、という諺に由来すると言われています。ここから、last straw は「我慢の限界」や「最悪だ」として使われるようになりました。

Please take this voucher for future purchases.

(将来購入されるときのために、このクーポン券をお受け取りください)
クレーム客に対し、代替品に加えてクーポン券を渡しています。現金を渡すよりも洗練されていて、将来自社製品をまた購入してもらうことを誘導している賢明な方法です。

クレーム・謝罪 (Complaining and apologizing)

Jamie's advice　こんな言い方もできます

1. **As I understand it**（私の知るところでは）
   自分が正しく理解していることを示しています。
2. **If I have understood correctly**（もし私の理解が正しければ）
   相手に対して、やや自信のない印象を与えます。

---

1. **It must have been very frustrating.**（非常に不愉快だったと思います）
   お客はずっとイライラしっぱなしだ、ということ。
2. **I can imagine that this was very frustrating.**（非常に不愉快であったとお察しします）
   クレームを受けている社員が、お客の気持ちに寄り添って謝罪しています。

---

1. **free of charge**（無料で）
   まったくお金がかかりません。
2. **at no extra cost**（追加料金なしで）
   この段階で相手はすでにいくらか支払っています。

---

1. **as a goodwill gesture**（お詫びの印に）
   友好的な関係の印であり、必要以上に好意を示している響きがあります。
2. **to show our regret**（弊社からの謝罪として）
   会社としてやるべきこと、という責任や責務が認められます。

Business Tips 苦情を述べる際のポイント

　購入した商品が故障することは、たまにあります。ここではクレームをつけるお客の立場に立って考えてみましょう。

①購入時に受け取る領収書、保証書を必ず保管しておきます。
②サービスセンターの電話はつながりにくいので、それを覚悟して、辛抱強くダイヤルすることです。
③いくら腹が立っていても、電話で怒鳴らないようにしましょう。それによるマイナスのほうが、はるかに大きいからです。
④逆に、非常に丁寧な口調で、故障の症状を説明すると、サービスセンターの人が恐縮して、最高のサービスが受けられるものです。
⑤実際にサービスエンジニアが修理に来たときも、礼儀正しく、丁寧に応対すると、最高の修理をしてくれて、料金もリーズナブルにしてくれる場合が多いです。

　すべて生身の人間同士のお付き合いなので、威張ったり、不機嫌になったりしないほうが、いい結果に結びつきます。

English Tips

ビジネスでよく使う表現（4） **get rid of**「〜を取り除く」

get rid of（取り除く）はよく使われる表現です。
例：We **got rid of** the rubbish.（私たちはごみを片づけた）
　　He tried to **get rid of** his drinking habit.（彼は飲酒癖を断とうとした）
ギャングの親分が命令するシーンのセリフは **Get rid of** him!（奴を殺せ！）
です。

クレーム・謝罪（Complaining and apologizing）

CHAPTER 11

03 保証期間外の対応
Dealing with a customer whose purchase is no longer under warranty

TRACK 39

Dialogue　　　　　　　　　　　　　　A: お客様　B: 電器店の担当者

A: My tablet's touch screen isn't working correctly, and I can't get to the bottom of what's wrong.
B: I am sorry to hear that, sir. Do you have your warranty document with you?
A: Yes, but the warranty expired last month.
B: I am sorry, sir, but due to company policy, if the warranty is no longer valid, then there is normally nothing we can do. It becomes the manufacturer's problem, so our hands are tied. However, if you leave it with me, I will pass on your problem and see if they can work something out.

A：私のタブレットのタッチスクリーンがうまく作動していません。何が悪いのか、原因がわかりません。
B：それは申し訳ありませんでした。保証書はお持ちですか？
A：はい、でも保証は先月で切れてしまいました。
B：申し訳ございませんが、弊社の方針で、保証期間が過ぎてしまった場合は何もして差し上げられないのです。それはメーカーの問題となるので、私どもとしては対応できかねます。しかし、私にお任せいただければ、あなたの問題を上にあげて、善処できるかどうかやってみましょう。

Vocabulary

under warranty（保証期間中の）　warranty document（保証書）　expire（期限が切れる）　due to ...（〜に起因して）　valid（有効な）　manufacturer（メーカー）　pass on ...（〜を伝える）　work out（何とか解決する）

188　社外とのやりとり編（Dealing with people outside the company）

保証期間外の対応についての重要表現

get to the bottom of ...

(〜の真相を探る)
物事の本質を突き止めるといったように、その根底に潜むものを引っぱり出して明らかにする、ということです。
[例文] **get to the bottom of** what's going on（今起きていることの真相を探る）
get to the bottom of the problem（トラブルの元を突き止める）
bottom を使ったフレーズに touch bottom（どん底に落ちる）があります。つまり、この bottom はタッチしてはならない「最悪の事態」です。

The warranty expired.

(保証が切れました)
warranty は製品の「保証」で、「この時計は2年間の保証つきです」は This watch has a two-year warranty. のように言います。

Our hands are tied.

(私どもとしては何もできない)
手が縛られていて自由にならない、ここから「お手上げだ」とイメージします。要は、肝心の手が言うことをきかないので、なすすべがないということです。

work something out

(何かやってみる)
問題の解決や事態の収拾に向けてやれることをやる、というニュアンスがあります。work things out という言い方もあります。
[例文] I think we should **work something out** to improve the quality.
（品質を改善するために何かやってみるべきだと思います）

クレーム・謝罪（Complaining and apologizing）

💬 Jamie's advice　こんな言い方もできます

---

1. **due to company policy**（わが社の方針として）
2. **due to company procedure**（わが社のやり方として）
3. **by law**（法律に則り）
   💬 法律の力により、自分たちの力の及ぶ範囲をすでに超えている。

---

1. **The warranty is no longer valid.**（保証はもはや無効です）
   💬 有効期限が切れている状態です。
2. **The warranty is void.**（保証は無効です）
   💬 期限内であっても、何らかの理由で無効となっているケース。

---

1. **There is normally nothing we can do.**（弊社としては何もできません）
   💬 この normally は予防線の役割を果たし、「今回の件に限らず」という意味で使われています。逆に normally がないと、お客様の苛立ちは倍増してしまうかもしれません。
2. **We usually aren't able to help.**（弊社がお役に立てることはありません）
   💬 役に立ちたくてもなすすべがない、ということ。なお、usually には、1 の normally と同じファンクションがあります。

---

1. **If you leave it with me**（私にお任せいただければ）
   💬「任せてほしい」というきっぱりとした意志が見えます。
2. **Let me take care of it for you.**（あなたのために何とかしてみましょう）
   💬「何かやってあげられそうだ」という気持ちが見えます。

Business Tips 保証期間外の対応についてのポイント

　私が輸入販売していたスマートフォンのアクセサリーには、1年間の保証書をつけて販売していました。
　保証期間を過ぎてしまったお客様からもしばしば、無料修理や代替品支給、返金のリクエストなどが来たことがありました。
　私の対応の方法は以下の通りでした。

①超過期間が2、3カ月の場合は、ほとんど無条件で代替品の支給という形でお応えしました。
②アクセサリーとして商品の性格上、修理は無理でしたし、また返金は私のポリシーに反するので、お断りしました。
③フレンドリーに対応するのが第一。しかし、理不尽なお客様には毅然とした態度で接することが重要です。

English Tips

ビジネスでよく使う表現(5) **get tired of**「〜に飽きる」

tired に of がつくと、「〜に疲れた」ということから、「〜に飽きる」という意味になります。
例：I **got tired of** my job, so I quit.（仕事に飽きたので、辞めた）
　　I'**m tired of** the same menu for lunch every day.（毎日同じメニューのランチにうんざりしている）
さらに強調して、I'**ve gotten sick and tired of** being alone.（1人でいることに飽き飽きした）と言えば、うんざりした感じが強く伝わります。

クレーム・謝罪（Complaining and apologizing）

海外出張 編
On business trips abroad

CHAPTER
12

出迎え・
自己紹介

Being picked up/
Introducing yourself

01 ホテルでチェックインする
Checking in at the hotel

TRACK 40

Dialogue　　　　　　　　A: ホテルの宿泊客　B: フロントデスクの担当者

A: Good afternoon. I have a reservation for a twin room under the name Sakamoto.

B: I am sorry, sir. We have no record of your booking and we are fully booked seeing as it's a long weekend. Rooms in the area are few and far between, but may I recommend our partner hotel in Greenwich, on the off chance that they have a room available?

A: I don't want to push my luck, but please let the person in charge know I'm from N&A.

B: I think we are getting our wires crossed. Of course we have a room, sir.

A：こんにちは。「坂本」という名前で、ツインの部屋を予約しています。
B：申し訳ございません。あなた様のお名前では予約記録がございません。そして土日をはさむ連休ということもあり、満室でございます。この近くはホテルがとても少ないのですが、グリニッジにある我々のパートナーホテルをお勧めします。もしかしたら、空き部屋があるかもしれません。
A：無理を言いたくありませんが、私がN&A社の者だと責任者の方にお伝え願えませんか？
B：少々誤解があったようですね。もちろん、お部屋を用意させていただきます。

Vocabulary

booking（予約）　fully booked（満室である）　seeing as ...（〜だから）　long weekend（土日をはさむ連休）　few and far between（とても少ない）　available（空きがある）　push one's luck（無理を言う）

ホテルでチェックインする際の重要表現

I have a reservation for a twin room under the name ...

(〜という名前で、ツインの部屋を予約しています)
文中の句の順番に注目しましょう。(1) 予約があること (2) 部屋のタイプ (3) 名前の順に伝えられています。

few and far between

(とても少ない)
few and far between は、量または頻度を表します。量を表す場合は「多くない」、頻度を表す場合は「めったにない」となります。
[例文] Many young people left this town as the job became **few and far between**.
(仕事口が少ないため、多くの若者はこの街を出ていきました)※量
I'm going to apply for the job opening. The chances are **few and far between** so I don't want to miss it.
(この就職口に申し込むよ。チャンスはめったにないから、逃したくないんだ)※頻度

on the off chance that ...

(万が一)
ひょっとしたら、そういうことが起こるかもしれない、という場合に使います。どちらかと言うと見込みの低いことに対して使われる表現なので、その可能性は五分五分、またはそれよりも低いといったところでしょう。

push one's luck

(無理を言う)
push (押す) からイメージが膨らむと思いますが、リクエストを一方的に押し付けている感が否めません。

I think we are getting our wires crossed.

(少々誤解があったようですね)
意思の疎通がうまくいかなかったときの表現で、こう言ってさりげなく場の収拾に努めます。直訳すると、「回線 (wire) がこんがらがっている」。
[例文] I think it's her who's **got her wires crossed**.
(誤解しているのは彼女のほうですよ)

出迎え・自己紹介 (Being picked up/Introducing yourself)

Jamie's advice こんな言い方もできます

---

1. I have a reservation under the name ... （〜の名前で予約してあります）
　💬ホテルにチェックインするときの表現。すでに予約済みであることがわかります。nameのあとには宿泊者の名前を続けます。
2. I have a reservation for ... （〜名で予約をしています）
　💬入店時に予約の有無を尋ねられたときの返答です。forの後には予約の人数が続きます。

---

1. We have no record of your booking. （お客様のご予約の記録がありません）
　💬その責任はお客側にあると、間接的に言っているようにも聞こえます。
2. We can't find your booking. （あなたの予約が見当たりません）
　💬こちらはホテル側に落ち度がある場合が想定されます。

---

1. We are fully booked. （満室です）
　💬完全に予約で埋まっている状態で、空きはゼロです。
2. We have no rooms available. （空いているお部屋はありません）
　💬ゼロかどうかは判断できませんが、泊まれる部屋はないということ。
3. We are at full capacity. （満室でございます）
　💬よりフォーマルな言い方です。

---

1. a long weekend （土日をはさむ連休）
　💬金曜や月曜にからむ連休で、週末をはさんだ3連休またはそれ以上の連続休みのこと。アメリカとイギリスの両方で使われる表現です。
2. a bank holiday weekend （3連休）
　💬こちらはイギリス式の言い方で、土日がらみの3連休のこと。なお、「3日間の休み」は 3 days off in a row と言います。in a rowは「連続して」。

Business Tips ホテルでチェックインする際のポイント

　私は主にヨーロッパとアメリカのホテルに泊まることが多いです。海外のホテルに泊まる際には、以下の点に注意しましょう。
①自分のなじみのホテルを何軒か作っておきます。マネジャーと顔見知りになっておくと、さらに便利。
②ウエスティンやヒルトンなど世界的なホテルチェーンのメンバーになっておき、あらかじめオンラインで予約を自分で入れます。クレジットカードの詳細などの記入は初回だけすれば、次回からは必要ありません。また、レンタカー会社とのタイアップもあって便利です。
③ボイラー室の隣とか大きな通りに面した部屋などを避けるようにリクエストしましょう。静かな部屋は価値があります。
④１人の宿泊でも、ダブルの部屋を予約すると価格的にリーズナブルで、なおかつゆったりと眠れます。
⑤テムズ河やエッフェル塔などが見えるような景色の良い部屋をリクエストしましょう。
⑥無料 Wi-Fi が使えるホテルを指定しましょう。パソコンに Skype をダウンロードしておけば、日本に無料で電話がかけられます。

English Tips

ビジネスでよく使う表現(6)　**get in the way**「邪魔をする」

get in the way「邪魔をする」。あなたが通りたい道をふさいでいるとか、あなたがしたいと思っていることの障害になるという意味です。
例：He **got in the way** of my work.（彼は私の仕事の邪魔をした）
また、活動の邪魔をしているという意味でも使われます。
例：The bad weather **got in the way** of our rescue operation.（悪天候が救助活動の妨げになった）

02 渋滞でアポイントに遅れる
Delay due to heavy traffic

TRACK 41

Dialogue　　　　　　　　　　　　　　A: 訪問客　B: ジョーンズ氏の秘書

A: This is Mr. Tanaka speaking. I have a meeting with Mr. Jones at 11 a.m., but due to the heavy traffic, I'll most likely be late.

B: OK, sir. When do you think you will arrive?

A: The traffic is moving at a snail's pace, but I should be there by 12 noon, give or take 10 minutes. I'll keep you updated.

B: Unfortunately, Mr. Jones has a lunch appointment from 12:30, so that would be cutting it close. The next best thing would be to go for dinner tonight. As a last resort, we can organize a telephone meeting.

A：こちらは田中です。11時にジョーンズさんと打ち合わせの予定がありますが、渋滞のために遅れてしまうと思います。
B：わかりました。何時ごろに到着できると思われますか？
A：車は非常にゆっくり動いていますが、10分前後の違いはあっても、12時までには着けると思います。引き続きご連絡いたします。
B：残念ながら、ジョーンズは12時30分から昼食の約束がありますので、ぎりぎりです。次善策としては、今晩の夕食ですね。最終的手段としては、電話会議をアレンジできます。

Vocabulary

heavy traffic（交通渋滞）　likely（〜しそうである）　at a snail's pace（のろのろと）
unfortunately（残念ながら）　cut it close（ぎりぎりに見積もる）　last resort（最後の手段）

198　海外出張編（On business trips abroad）

渋滞でアポイントに遅れそうなときの重要表現

give or take 10 minutes

(10 分前後のずれ込み)
ここでの give or take は「〜前後」「およそ」という意味で、動詞の扱いではありません。なお、遅延やスケジュールのずれ込みを伝えなければならない場合(そして、それが厳密にどれくらい遅れそうなのか、その時点ではっきりとわからない場合)、give or take(〜前後)は小回りの利く便利な表現と言えるでしょう。おおよその時間を伝えることで、相手はあなたの到着時間を予想することができますし、即座にスケジュールの再調整が可能です。
[例文] **Give or take** a few hours, I'll be there by 4.
(数時間のずれ込みはあるかもしれませんが、4 時までには着きます)

have a lunch appointment

(昼食の約束がある)
lunch appointment は「昼食の約束」ですが、特にビジネスを兼ねたランチ会食のことを power lunch と言います。パワーランチでは、昼食を取りながらビジネスに関する打ち合わせや商談を行います。

That would be cutting it close.

(ぎりぎりですね)
何とか間に合ったとしても、ぎりぎりのタイミングです。イギリスでは cut it fine と言います。
[例文] The plane won't leave at least for 30 minutes, so we're **cutting it close**.
(飛行機は少なくともあと 30 分は出発しないので、ぎりぎり間に合うでしょう)

the next best thing

(次善策)
文字通り「2 番目に良いこと」。next best は形容詞的に用いられ、the next best option(2 番目に最適な選択)や the next best alternative(次の代替案)等の表現を作ります。

💬 Jamie's advice こんな言い方もできます

1. **due to the heavy traffic**（渋滞が原因で）
2. **due to a train accident**（電車の事故が原因で）
3. **due to my last meeting running over**（前の会議が長引いてしまって）
   - 💬 due to ...（〜に起因して）は、必ずしも悪いことばかりに使われるとは限りません。（例）The team's success is largely due to his efforts.（チームの勝因は、彼の努力に依るところが大きい）

1. **The traffic is moving at a snail's pace.**（車はのろのろと進んでいます）
   - 💬 at snail's pace は「かたつむりの速さで」。非常に遅いことのたとえ。
2. **The traffic is at a standstill.**（車は止まっています）
   - 💬 車はまったく動いていない状態です。
3. **The roads are very busy.**（道路は車で混雑しています）
   - 💬 crowded も「混んでいる」ですが、こちらは人に対して使います。
4. **The traffic is bumper to bumper.**（車が数珠つなぎになっている）

1. **I'll keep you updated.**（進捗をご連絡します）
   - 💬「状況が新しくなるごとにお知らせします」というニュアンス。
2. **I'll keep you posted.**（ちょくちょく連絡するね）
   - 💬 1 と同じ意味ですが、こちらはカジュアルな言い方です。
3. **I'll be in touch.**（連絡を差し上げます）
   - 💬「これからも連絡を取り合いましょう」というニュアンス。

海外出張編（On business trips abroad）

Business Tips 渋滞でアポイントに遅れそうなときのポイント

① 到着推定時間が 30 分後だったら、45 分後と言ったほうがいいでしょう。期待を持たせておいてさらに遅れるよりは、遅めの時間を言っておいて早く到着したほうが、心証は良くなります。
② 自分の約束の次のアポイントを、繰り上げて先にやってもらう方法もあります。
③ 自分が到着する前に、そこにいる人たちでまず会議を始めておいてもらい、何分後かに自分が参加する方法もあります。
④ 自分が交通事故に巻き込まれて、警察に行ったり保険会社を呼んだりして、何時間かかるかわからない場合は、アポイントをキャンセルして後日アレンジし直します。
⑤ 海外では電車やバスが遅れることがよくあるし、道路が極端に渋滞することもあるので、十分に時間に余裕を持って出発することをお勧めします。特に夏の夕方の、避暑地からパリに戻る高速道路とか、金曜日の夕方のニューヨークから出る道路などが渋滞することは頻繁にあるので、気をつけてください。

English Tips

ビジネスでよく使う表現(7) **get ahead**「出世する」

ahead は「前方に」とか「先んじて」という意味です。したがって He's **getting ahead** at his new job. は、「彼は新しい仕事で頭角を現している」という意味になります。

例：I will do anything to **get ahead**.（出世のためなら何でもやりますよ）
　　He **got** one step **ahead** of other people.（彼は他の人たちより一歩先んじた）

出迎え・自己紹介（Being picked up/Introducing yourself）

CHAPTER 12

03 初対面の取引先に自己紹介する

Introducing yourself to a client whom you meet for the first time

TRACK 42

Dialogue　　A: 出張中の日本人ビジネスパーソン　B: 取引先の社長

A: **First and foremost**, thank you for **going out of your way** to meet us **in person**. I am **delighted to meet** you, Mr. Smith.

B: **It's my pleasure. I've heard so much about you** from Ms. Suzuki. She told me all about your exciting new business proposals.

A: We have also created a business strategy tailored to your company. However, this **isn't set in stone**, so we're open to suggestions.

B: You seem to have a lot of experience **under your belt**, and **you know the industry inside out**, so I'm sure your ideas will **fit the bill**.

A：まずは、わざわざお越しいただき、ありがとうございます。お目にかかれて大変嬉しく思います、スミス様。
B：私のほうこそ嬉しいです。鈴木様からあなたのことはよく伺っています。彼女は、あなたのわくわくする新しいビジネス企画について、すべて私に話してくれました。
A：御社のために特別にビジネス戦略も構築してみました。しかし、最終案ではないので、いろいろとサジェスチョンをお願いします。
B：あなた様は経験豊富で、業界のことはすべてご存じのようにお見受けします。ですからあなたのアイデアに期待しています。

Vocabulary

in person（じかに）　delighted to do ...（〜して嬉しい）　proposal（提案）　tailor（〜をあつらえる、調整する）　under one's belt（経験を積んで）　know ... inside out（〜を熟知している）　fit the bill（[期待や目的に] 叶う）

初対面の取引先に自己紹介する際の重要表現

first and foremost

（まずは）
プライオリティーに関するフレーズで、「最優先事項」が次に続きます。ダイアログでも、A さんはまず社長が会いに来てくれたことに対して感謝を述べていますね。併せて first of all（まず）や most importantly（最も大切なことは）も覚えておきましょう。

It's my pleasure.

（どういたしまして / こちらこそ）
ともすれば儀礼的なフレーズにも聞こえますが、コミュニケーションを円滑に進めるためにもこのような言い回しを覚えておくことをお薦めします。お礼に対しては「どういたしまして」、「お目にかかれて嬉しいです」に対しては「こちらこそ（嬉しいです）」という訳がしっくり来るでしょう。

I've heard so much about you.

（あなたのことはよく伺っています）
初対面の場での決まり表現です。「お噂はかねがね伺っております」と訳してもよいでしょう。なお、「お噂」は、当然のことながらビジネスに関することであり、パーソナルなものではありません。実際、初めて会った人に対して、いろいろと詮索をするのは失礼にあたります。

be set in stone

（確約されている）
ダイアログでは This [The business strategy] **isn't set in stone**. と言っているので、当該のビジネス企画はまだ確約されていない、つまり修正可能な段階だ、ということです。

under one's belt

（経験を積んで）
技術やノウハウなど、頭でというよりは、実際の体験を通して得たことについての表現です。
[例文] The lawyer doesn't have enough similar cases **under her belt**.
（その弁護士は類似案件に関しての十分な経験がない）

出迎え・自己紹介（Being picked up/Introducing yourself）

Jamie's advice こんな言い方もできます

---

1. **go out of your way to do ...**（わざわざ〜する）
   💬 言い換えるなら、「尽力を尽くす」ということです。
2. **take the trouble to do ...**（労を惜しまず〜する）
   💬 目的達成のための、多大なる努力や足労が感じられます。

---

1. **I am delighted to meet you.**（お目にかかれて大変嬉しく思います）
   💬「会えて嬉しい」という気持ちを表す丁寧な言い方です。
2. **It is an honor to meet you.**（あなた様にお目にかかれて光栄です）
   💬 1よりもさらにかしこまった響きを持ち、相手は非常に上位の人です。
3. **It's a pleasure to meet you.**（お目にかかれて嬉しいです）
   💬 自分と同等なランクの人に対して使います。
4. **I'm so happy to finally meet you.**（ついにお会いできて大変嬉しいです）
   💬 自分と同等なランクの人に対して用いますが、3よりもカジュアルな言い方です。

---

1. **We're open to suggestions.**（サジェスチョンを伺います）
   💬 どんな意見でも受け止める準備ができている、というポジティブな姿勢が open から見て取れます。
2. **We welcome your suggestions.**（サジェスチョンを歓迎します）
   💬 1よりもフォーマルな表現。

---

1. **You know the industry inside out.**（その業界のことを、くまなく知っている）
   💬 inside out は、洋服の着方が「裏返しの」。業界の表と裏（すべて）を知っている、ということ。
2. **You know the industry like the back of your hand.**（その業界を熟知している）
   💬 熟知していることを手の甲に喩えています。自分の手の甲と同じぐらい、業界を知り尽くしている、ということ。

Business Tips 初対面の取引先に自己紹介する際のポイント

①紹介者がいれば、その人の話題から始めると、初めから親近感が湧きます。
②日本人同士の場合は、ストレートにビジネスの話に行くことが多いですが、外国人と初対面の場合は、ビジネス以外の話題を話すことが多いです。家族や趣味などを話せる準備と情報を揃えておくと便利です。
③日本人の名前は外国人に発音しにくい場合があります。典型的なのが、「隆二」Ryuji とか「龍太郎」Ryutaro など、ラ行が入った名前です。Roy とか Robert など R で始まる英語の名前をニックネームとして用意して、名刺にも印刷しておき、Please call me "Roy." と言えば、相手は安心するでしょう。
④名刺は必ず日本語と英語の両方で表記し、できればカラー写真も挿入すると、強い印象を与えられ、覚えておいてもらえる可能性が増えます。

English Tips

ビジネスでよく使う表現(8) **be taken aback**「びっくりする」

aback は、「後方へ」という意味。「後ろに引っ張られる」とひっくり返ってしまうので、「びっくりさせられた」という意味になります。
例：He **was taken aback** by her answer.（彼は彼女の返事にびっくりした）
　　She **was taken aback** by his anger.（彼女は彼の怒りに驚いた）
　　= She was surprised/She was shocked

---

12 出迎え・自己紹介
13 工場見学
14 プレゼンテーション
15 接待
16 お別れ

出迎え・自己紹介（Being picked up/Introducing yourself）　205

海外出張 編
On business trips abroad

CHAPTER
13

工場見学
Factory tour

01 工場の製造現場見学
Tour of the factory floor

TRACK 43

Dialogue　　　A: 部品メーカーの工場長　B: 自動車メーカーの部品仕入れ担当者

A: This is where we produce our environmentally friendly exhausts for major car manufacturers. As you can see, we have few people working on the floor.

B: I heard through the grapevine that your production output has taken a blow during the recession. What is your daily output now?

A: 5,000 units a day. We still have additional floor space, so we'll meet your orders to the best of our ability.

B: If you can increase your production capacity straight away, we'll have a deal.

A：主要な自動車メーカーのために、環境に優しい排気装置をここで生産しています。ご覧の通り、このフロアには、作業員があまりおりません。
B：噂によれば、不況の際に御社の製造能力が急減したと伺っています。現在の日産台数はいくつですか？
A：日産5000個です。さらにフロアスペースがあるので、御社からのご注文には全力で対処させていただきます。
B：すぐに生産能力を増やしていただけるのであれば、ぜひビジネスをやりましょう。

Vocabulary

environmentally friendly（環境に優しい）　exhaust（排気）　hear through the grapevine（人づてに聞く）　production output（製造能力）　take a blow（ダメージを受ける）　recession（不況）

工場の製造現場見学での重要表現

hear through the grapevine that …

(〜を人づてに聞く)
伝聞の慣用表現で、噂や情報（非公式なもの）を耳にする、という意味です。grapevine はぶどうの「つる」のことで、電信網のように伸び広がるつるを噂の広がりに喩えたフレーズです。「噂」には rumor や gossip がありますが、rumor は人や事柄について、gossip は人についての噂に使われます。また、heard it said that …（〜を人づてに聞いた）という言い回しもあります。

[例文] **I've heard it said** that John will be transferred to New York next month.
（来月づけでジョンがニューヨークに転勤になるって人づてに聞いたよ）

What is your daily output now?

(御社の日産台数はいくつですか？)
1日の生産能力と自社から注文したい数量を比較して、十分に供給可能かどうかを確かめるための重要な質問です。

to the best of one's ability

(全力で)
持ちうる能力のすべてを駆使する、ということ。ダイアログでは、現在のところ日産は5000個だけれども、注文に対しては全力で対処すると述べています。つまり、能力の限界ではなくあらゆる可能性を尽くすということです。

production capacity

(生産能力)
capacity はいわゆる「キャパ」のことです。production を使った語句をいくつか挙げておきましょう。どれも生産性を語るときの重要な表現です。

[例文] **production** challenge（生産課題）
production competitiveness（生産競争力）
production condition（生産条件）

工場見学（Factory tour）　209

Jamie's advice こんな言い方もできます

---

1. **environmentally friendly**（環境に優しい）
2. **green**（環境に優しい）
   💬 どちらも環境保護の話題に欠かせない単語です。eco-friendly（環境に配慮した）の eco- は ecological（生態系の）のことで、economy（経済）からの派生語ではありません。

---

1. **work on the floor**（現場で働く）
   💬 勤務先は工場やお店など。
2. **work in the office**（オフィスで働く）
   💬 事務系の仕事一般。

---

1. **Production output has taken a blow.**（生産数が激減しました）
2. **Production output has taken a hit.**（生産数が打撃を受けました）
3. **Production output has suffered.**（生産数が影響を受けました）
   💬 さほど大きな影響ではありません。

---

1. **during the recession**（不況の間）
   💬 全国規模で正式に宣言された不況。
2. **during the tough economic times**（経済的に大変な時期）
   💬 こちらは話者の主観による判断です。

Business Tips 工場の製造現場見学でのポイント

　私はイギリスの有名なスピーカー工場を見学に行ったことがあります。いい工場だったら、買収するつもりでした。
　そんなときに注意する点は、いくつかあります。
　まず、工場全体の印象が重要です。部品、仕掛品、完成品などが整然と並べられていて能率の良さが感じられれば、有望です。
　そして、従業員やフォークリフトなどがスムーズに動けるスペースがあるとよいでしょう。
　従業員たちの服装や笑顔も重要な判断要素になります。ハッピーな従業員が生産する商品は、大体優秀です。逆に、暗い表情で投げやりな感じの従業員がいる工場は、商品を見るまでもなく、品質に問題があるでしょう。こういう人たちは金曜日の夕方近くになると、週末のことで頭がいっぱいになり、仕事に集中せずに、不良品を作ってしまう可能性が高くなりがちです。
　製品の品質は、それを作っている人たちを見ると、かなりの精度でわかるものです。

English Tips

ビジネスでよく使う表現（9）
take advantage of「〜を利用する」

普通に「利用する」という意味の場合と、「悪用する」という意味の場合とがあります。

例：She **took advantage of** that wonderful opportunity.（彼女はその素晴らしいチャンスをものにした）

良くないニュアンスで使用する場合は次のようになります。

例：That company **took advantage of** a loop hole in the law.（その会社は法律の抜け道を悪用した）
　　She **took advantage of** his love for her and demanded money from him.（彼女は彼の愛情につけこんで金を要求した）

02 生産ラインの見学
Tour of the factory production line

TRACK 44

Dialogue　　A: 肉加工会社の広報担当者　B: スーパーの仕入れ担当者

A: I'd like to show you our meat production line, which uses state-of-the-art technology and is a cut above that of our competitors.

B: It looks incredibly modern and clean. How do you ensure that you maintain your high standards of hygiene?

A: We've invested in expensive air-curtains, we sterilize our equipment after use, and we keep a close eye on our visitors.

B: This is without a shadow of a doubt the most up-to-date and hygienic system I've ever seen. I've seen all I need to. Let's call it a day.

A：我々の肉の生産ラインをお見せしましょう。最先端の技術を使っており、競合他社よりも上を行っております。
B：信じられないほど近代的できれいですね。高度の衛生水準をどのように維持されているのですか？
A：高価なエアーカーテンに投資して、器具は使用後に消毒し、訪問者もしっかりと管理しています。
B：ここは疑いの余地なく、私がこれまで見た中で最も新しく、最も清潔なシステムです。必要なものはすべて見ました。今日はここまでにしましょう。

Vocabulary

state-of-the-art（最先端の）　a cut above ...（〜より一段上で）　maintain（維持する）　standard of hygiene（衛生水準）　invest in ...（〜に投資する）　sterilize（消毒する）　equipment（器具）

生産ラインの見学での重要表現

a cut above ...

(〜の上を行っている)
秀逸な技術やスキルに対して使われる表現です。ダイアログは、自社の肉の生産ラインは他社のそれをはるかに凌いでいる、という意味。
[例文] Everyone knows that he's **a cut above** the rest.
　　　(彼が他の誰よりも優れているのをみんな知っている)

How do you ensure that you maintain ...?

(〜をどのように維持されているのですか?)
ensure (〜を確実にする) の後には that 節が続きます。
[例文] Careful preparations **ensure** success.
　　　(周到に行った準備は成功を確実なものにする)

keep a close eye on our visitors

(訪問者をしっかりと管理する)
close (綿密な) から、厳しいチェック体制が敷かれているのがわかります。ダイアログでは、次の 3 点 (高価なエアーカーテンへの投資、器具消毒の徹底、そして訪問者の行動) を、綿密な管理の元に行っているとクライアントに強調しています。なお、close の発音は、①形容詞や副詞の場合は [klous]、②動詞の場合は [klouz] ですが、ここでは①の発音です。

without a shadow of a doubt

(疑いの余地なく)
「完全にそうだ」と、without doubt (紛れもなく) をさらに強調した表現です。

up-to-date

(最新式の)
up-to-date は、製品やサービスなどが「最新の」。なお、up to date が名詞を修飾する場合はハイフンが必要ですが、単独で用いられる場合は不要です。ダイアログの上にある state-of-the-art と同じ意味。
[例文] It is the **up-to-date** technology. ※ technology を修飾している
　　　(それは最新の技術です)
　　　The technology is **up to date**. ※単独で使われている
　　　(その技術は最新です)

工場見学 (Factory tour)　213

Jamie's advice こんな言い方もできます

---

1. **state-of-the-art technology**（最先端の技術）
2. **cutting-edge technology**（最新鋭の技術）
   💬 1と2はほぼ同じ意味で使われます。
3. **revolutionary technology**（画期的な技術）
   💬 それが業界内において革新的な技術であることがわかります。

---

1. **maintain high standards of hygiene**（高い衛生標準を維持する）
   💬 標準を決めたのは自分（たち）です。
2. **adhere to strict standards of hygiene**（厳格な衛生水準を守る）
   💬 水準を決めたのは他の誰かです。

---

1. **invest in ...**（〜に投資する）
   💬「使ったお金がのちに価値を生む」というニュアンス。
2. **spend a lot of money on ...**（〜に多額の金をつぎ込む）
   💬 特に価値の有無にこだわらず、単に「お金をたくさん使った」ということ。▶ invest には「お金を使う」だけではなく、「時間やエネルギーを費やす」という意味もあります。

---

1. **Let's call it a day.**（今日はここまでにしましょう）
2. **Let's finish here.**（ここで終わりにしましょう）
3. **Let's wrap it up.**（ここで切り上げましょう）
   💬 会議を終わらせるときの決まり文句です。

Business Tips 生産ラインの見学でのポイント

　日本では、工場は整理整頓が完璧で、ロボットや製造ラインが自動的に動き、効率良く商品が生産されることが常識となっています。しかし、外国では必ずしもそうではありません。
　外国で工場見学を行う場合は、あらかじめチェックリストを用意し、現場でそれに照らし合わせて、冷静に採点し判断することが重要です。

①工場は整理整頓されているか。
②ロボットなど自動化はどの程度されているか。
③清潔で滅菌状態が保たれているか。（特に食品関連）
④部品材料の搬入から、生産ライン、出荷までの動きはスムーズか。
⑤完成品の出荷検査は完璧か。
⑥出荷する際の運送業者との連携は迅速でスムーズか。

　これらビジネス的側面に加えて、工場全体の社員の表情や雰囲気は明るいかという人間的な側面も現場に行って、実際に感じて判断することが肝要です。

English Tips

ビジネスでよく使う表現（10）
take care 「気をつける」「注意する」

私のイギリス人の友人は、電話やメールの最後に必ず Take care! と言ったり、書いたりします。日本語の「気をつけてね！」というニュアンスにそっくりです。**Take care** not to drink too much!「飲みすぎないように気をつけてね」などと使います。温かい愛情や友情を感じる表現ですね。**take care of** だと、「世話をする」という意味で、I **take care of** a sick person.（私は病人の面倒を見る）という風に使います。

海外出張 編
On business trips abroad

CHAPTER
14

プレゼン
テーション
Presentation

01 デモンストレーションを行う
Giving a demonstration

TRACK 45

Dialogue　　　　　　　　A: メーカーの営業担当者　B: 建設会社の安全担当者

A: I'd like to demonstrate our new anti-fall device. Workers wear these on construction sites.
B: Is it heavy and can the workers move freely?
A: It only weighs 1 kilogram, and the chord is long enough to allow free movement. We've obtained over 60 patents regarding our newly developed technology, so our prospects are looking very bright indeed.
B: At present, I'm very impressed by your product, but we need to think it through before we can commit to anything. I also want to review your finances before it's a done deal.

A：弊社の新しい墜落防止装置のデモを行いたいと思います。工事現場で作業員の方々がこれを着用します。
B：重いですか？　作業員は自由に動けますか？
A：重さはわずか1キロです。コードが長いので、自由に動くことが可能になります。我々が新たに開発した技術に関して60個以上の特許を取得しておりますので、前途は非常に明るいのです。
B：今のところ、御社の製品に非常に感銘を受けていますが、具体的発注の前に熟慮する必要があります。取引契約をする前に、御社の財務状況も拝見したいと思います。

Vocabulary

demonstrate（デモを行う、実演する）　anti-fall device（転落防止装置）　weigh（〜の重さがある）　chord（コード）　allow（〜を可能にする）　patent（特許）　prospect（展望）　done deal（完了した取引）

218　海外出張編（On business trips abroad）

デモンストレーションを行う際の重要表現

The chord is long enough to allow free movement.

（コードが長いので、自由に動くことが可能になります）
long enough to do ...で「〜するのに十分な長さだ」の意味。当然のことながら、コードが短ければ自由に稼働することができませんね。この文言から、このコードが自由に動けるだけの十分な長さであることがわかります。

Our prospects are looking very bright.

（前途は非常に明るいです）
prospects は、未来へ向けて広く眺めることですから、前途洋々な意味合いで用いられます。なお、look（〜のようだ）は、言い切りを避ける役割を果たします。

at present

（今のところ）
現在につながる時を表す表現には、today（こんにち）、at the minute（今）、for the time being（さしあたり）などがあります。

We need to think it through.

（よく考える必要があります）
through には"やり通す"という意味があり、read through であれば「読み通す」、go through であれば「(辛い経験を) 通り越す」。think through は、単に「考える」だけではなく、それについて「じっくり考える」といったように、さらにもう一歩踏み込んだイメージが潜んでいます。

commit to ...

（〜に関わる）
commit は日本語に訳しにくい言葉の1つです。loyalty（忠義）や devotion（専念）などが織り交ざった約束や誓約に対して「全力を注ぐ」または「(それに) 関わる」と解釈するとよいでしょう。

プレゼンテーション（Presentation）

Jamie's advice こんな言い方もできます

---

1. **I'd like to demonstrate our product.**（当社の製品のデモを行います）
2. **I'd like to explain a little about how our product works.**（当社の製品の機能について、少し説明をいたします）
   - 具体的に説明を加えたいときは、この表現を使います。説明を聞きに集まっている聴衆に向かって、わざわざ Let me explain ...（私に〜を説明させてください）と許可を取る必要はありません。

---

1. **obtain a patent**（特許を取得する）
2. **infringe upon a patent**（特許を侵害する）

---

1. **I want to review your finances.**（御社の財務状況を精査したいです）
   - 慎重にチェックを行うと言っています。
2. **I want to analyze your finances.**（御社の財務状況を分析したいです）
   - 1よりもさらに細かい分析が行われます。
3. **I want to take a look at your finances.**（御社の財務状況を見たいです）
   - このあとに、データの解析や財務状況のチェックが入る可能性もあります。

---

1. **It's a done deal.**（取引は完了しました）
   - 取引のみならず、終了した取り決めや計画などについても用いられます。
2. **It's in the bag.**（それは解決したよ）
   - 1よりもカジュアルな言い方。

Business Tips デモンストレーションを行う際のポイント

　新製品開発のスピードは、どの業界でも非常に速いです。プロダクトサイクルもますます短くなってきており、極端な場合は、発売して非常に短期間で陳腐化してしまう業種もあります。スマートフォンでは 3 カ月から半年。家電では半年から 1 年。乗用車では 1 年から 2 年といったところでしょうか。

　したがって、プレゼンをする企業にとって重要なことは、同業他社と比較して、技術的にどれほど優れているのか、独占的技術なのか、特許を申請してあるか、価格的優位性はあるか、どのくらい迅速に生産できるかなどを説明して、取引相手の買いたい気持ちを増大させることです。

　プレゼンを受けた会社にとって、選ぶことができるメーカーはたくさんあります。プレゼンの内容を比較検討してみて、「今、旬な商品」を大量に揃えて、短期間内で販売することが最重要課題です。冷静で公正な目をもって、商品力を判断することが肝要です。

English Tips

ビジネスでよく使う表現 (11)
Take my word for it.「私の言うことは本当ですよ」
「だまされたと思って〜してごらん」

Take my word for it. は、「私の言うことは本当ですよ」「だまされたと思って〜してごらん」という意味です。「悪いことは言わないから〜してごらん」というニュアンスで、Please trust me. といった意味ですが、やや押しつけ気味の感じがありますね。

例：**Take my word for it.** You won't regret it.（だまされたと思って、信じてごらん。後悔はしないよ）

02 大勢の人たちにプレゼンする
Presenting to a large group of people

TRACK 46

Dialogue　　　　　　　　　　　　　　A: スマホメーカーの広報担当者

A: First things first, I'd like to thank you all very much for coming to listen to this presentation today. I appreciate your time. As you know, we've been enjoying a large market share in the smart phone industry for some time. However, we're here today to present to you our latest addition to the range, the XZ-003. We're proud to say that it has a larger screen and is completely water, dust, and shock resistant. We're foreseeing quite a jump in sales, and we'd appreciate it if we could discuss the details with you today and come to an agreement on an order.

A：最初に、今日のこの説明会にお越しいただき、ありがとうございます。お時間を取っていただき、感謝しております。
ご存じの通り、弊社はスマートフォンの市場で長い間、大きなマーケットシェアを有してまいりました。しかし、今日ここで、我々の最新の新商品 XZ-003 をご紹介いたします。
より大きなスクリーンを使い、完全に防水、防塵、耐衝撃でございます。売り上げの急激な伸びを予測しておりますので、今日詳細を相談させていただき、ご注文いただければ幸いです。

Vocabulary

first things first（最初に）　proud to do ...（～できて光栄だ）　resistant（耐久性のある）
foresee（予測する）　a jump in sales（売り上げの急上昇）　appreciate（感謝する）

大勢を前にしたプレゼンでの重要表現

enjoy a large market share

(大きなマーケットシェアを有している)
このように enjoy はビジネス用語としても使えます。語義的に見ると enjoy は「楽しむ」ですが、「持っている」また「有している」という意味としても使われます。ただしその場合、1つだけ条件があります。それは、自分にとって良いものを持っているときにのみ使えるということです。これが enjoy たる所以です。というのも、楽しむというのは、有益なことを楽しむのであり、無駄なことや有害なことにはそもそも楽しみを見出しえないからです。

We're here today to present to you ...

(今日はここで皆さんに〜をご紹介いたします)
まずこう言って、プレゼンの趣旨を聴衆に伝えます。
また、会議でも次のように使われます。
[例文] **We're here today to** discuss the sales strategy on our latest model, the EX-005.
(当社の最新モデル EX-005 の営業戦略についてディスカッションを行いたいと思います)
We're here today to announce ... (〜を告知する) もよく使われるので、セットで覚えておきましょう。

water, dust, and shock resistant

(防水、防塵、耐衝撃)
複数の語句を列挙するとき、通常、A, B, and C のスタイルを用います。and は並列的に単語を並べるだけではなく、「次でおしまいです」という区切りを示します。実際、A and B and C (AとBとC) では、幼稚でつたない印象を与えます。なお、ここでは A (= water), B (= dust), and C (= shock) の3つが resistant にかかっています。

Jamie's advice こんな言い方もできます

1. **First things first**（最初に）
   段取りの表現で、プライオリティーを重視しています。このあとに、まず伝えたいことが続きます。
2. **Before I begin**（まず始める前に）
   ウォームアップ的な要素を含み、本題とはやや関係のないことからスタートする場合に使われます。

---

1. **I'd like to thank you all very much for ...**（皆様に〜についてお礼を述べたく思います）
2. **I'd like to express my gratitude to you all for ...**（皆様に〜について感謝の意を表したく思います）
   さらに感謝の気持ちがこもっており、お礼の品が伴う場合もあります。

---

1. **We're proud to say that ...**（〜ということを誇りに思います）
   自信に満ちています。
2. **We're pleased to say that ...**（〜ということを嬉しく思います）
   喜びに満ちています。

---

1. **a jump in sales**（売り上げの急増）
   急激な伸びのこと。
2. **an increase in sales**（売り上げの増加）
   さほど急激な増加ではありません。
3. **a dip in sales**（売り上げの落ち込み）
   一時的な減少で、減少率はわずかな見込みであることが考えられます。
4. **a plunge in sales**（売り上げの激減）
   状況は全くもって芳しくなく、急激に売り上げが減少している状態です。

海外出張編（On business trips abroad）

Business Tips 大勢を前にしたプレゼンでのポイント

　自分が伝えたい事柄を明確にして、それをパワーポイントのスライドに落とし込むようにします。スライドには文章での解説を最小限にとどめ、できる限りカラー画像とか YouTube 映像へのリンクなどを盛り込みます。こうしたスライドは観ていて楽しいので、相手を飽きさせません。動画を再生中、あなたも一緒に見ながら、原稿として内容を確認できるし、動画を再生する間はお客様の顔を見て、反応を確かめながらプレゼンを続けることができます。

　新製品のデビューの場合は、ドラマが必要です。その演出をプロの広告代理店と綿密に相談して準備します。ステージのレイアウト、音響や照明効果、製品を紹介するモデルの選定などが、新製品の品質やイメージと合う工夫をします。

　可能であれば、発売時に流す予定のテレビ CM もそこで観客に見せることができると最高です。

　見事に企画、演出されたプレゼンをされた側の人たちは、その興奮の中に取り込まれて、すっかりその会社と新製品の虜になってしまうのです。

English Tips

ビジネスでよく使う表現（12）take over「引き継ぐ」

over は「A から B へ」と移動を表します。
例：I will **take over** from here.（ここから僕が引き継ぐよ）
　　He **has taken over** from her.（彼は彼女の仕事を引き継いだ）
企業が他の企業の株を取得する場合は takeover と呼ばれます。**takeover** bid（株式公開買付）は、時々株式市場を賑わせていますね。

03 プレゼンの後の質疑応答
Q & A session after a presentation

Dialogue　　　　　　　　　　　A: 取引先の担当者　B: メーカーの広報担当者

A: I'm very impressed with the technological advances in your latest product. However, would you be able to shed some light on your marketing strategy compared to that of your competitors?

B: We're currently focusing on developing countries, due to our products' affordable price tag. We lay a lot of importance on our good value for the money in our ad campaigns, too.

A: Thanks for clearing that up. Would you also let me in on your estimated delivery schedule?

B: We're aiming to launch the range by the end of October to catch the pre-holiday season.

A：御社の最新の製品における技術的進歩に非常に感銘を受けています。しかし、競合他社と比較した御社のマーケティング戦略についてご説明いただけませんか？

B：私どもの製品の買いやすい価格をてこに、弊社は現在、発展途上国に焦点を当てています。広告キャンペーンでも、我々の製品のお買い得感に重点を置いています。

A：わかりやすくご説明いただき、ありがとうございます。御社の出荷予定の見通しもお教え願えますか？

B：休暇前のシーズンに間に合うように、この製品群を10月末までに発売するつもりです。

Vocabulary

technological advance（技術的進歩）　shed some light on ...（～について手がかりを与える）　competitor（競争相手）　developing country（発展途上国）　affordable（手ごろな）　estimated（予想の）　aim to do ...（～するつもりである）

プレゼン後の質疑応答での重要表現

I'm very impressed with ...

(〜に非常に感銘を受けています)
プレゼンされた側は、質問に移る前に、まずこのような感想を述べて、感謝の意を表します。

affordable price tag

(手頃な値段)
affordable は「無理なく買える」という意味。なお、price tag は「値札」のことですが、ここでは（製品の）「値段」という解釈で扱われています。
[例文] It's getting harder to find an **affordable** house in the urban area.
　　　(手頃な値段の住宅を都心で探すのは、ますます難しくなっています)

lay importance on ...

(〜に重点を置く)
on のあとに重要点を続けます。ダイアログでは、お値打ち感に力点を絞っています。なお、Our good value for the money is important.（お得感は重要です）と言うことも可能ですが、つたない感じは拭えません。

estimated delivery schedule

(出荷予定の見通し)
部品調達の予定や作業員の手配など諸条件を考慮した結果、estimate（推測）できる出荷予定、という意味です。

launch a range

(製品群を発売する)
launch は、新製品を「世に出す、送り出す」ということ。range は「品揃え」の意味です。launch には「大々的に」というニュアンスがあります。一度に launch a range して多くの製品群を同時に発売すると、単品で発売するよりもインパクトがあり、多くの客層にアピールすることが可能になります。

catch the pre-holiday season

(休暇前のシーズンに間に合うように)
catch を「間に合う」の意味で使えたなら、なかなかの英語の達人です。こなれたフレーズを身につけるためには、生の英語に触れ続けた者の勝ちです。

Jamie's advice こんな言い方もできます

---

1. **shed some light on ...** （〜について手がかりを与える）
   💬 混乱をまとめたり、先の見えない状況を打開するために、未解決の問題点を明らかにすること。
2. **clarify** （明確にする）
   💬 問題点は1よりも特定的で、より簡潔な答えを求めています。

---

1. **focus on ...** （〜に重点的に取り組む）
2. **focus one's efforts on ...** （〜に全力を注ぐ）
   💬 話者の意気込みを感じる表現です。

---

1. **Thanks for clearing that up.** （明らかにしてくれてありがとう）
   💬 スピーカーの回答に対して、質問者が述べるお礼の言葉です。
2. **Thanks for pointing that out.** （指摘してくれてありがとう）
   💬 聴衆から指摘された有益な情報や改善点に対するスピーカーの返答です。

---

1. **Would you let me in on ...?** （私にも〜について教えていただけませんか）
   💬 let ＋人＋ in on ...は、「(秘密など)を打ち明ける」という意味です。
2. **Would you let me know ...?** （〜について教えてくれますか）
   💬 こちらは特定の問題に限らず、広く一般的に使えます。

Business Tips プレゼン後の質疑応答でのポイント

　プレゼンをする際に「質疑応答は何を聞かれるかわからず不安だ」と思われる方は、出そうな質問のリストを作成して、それに対する答えを用意して、それを何回もリハーサルすることを強くお勧めします。質問に答えるときは、自信を持って、笑顔で、ゆっくり、はっきり、大きな声で話すようにします。そして、「お客様本位」ということを常に念頭に置き、相手の立場を考えながら発言することが、友好的なビジネス関係を維持する上で肝要です。

　また、プレゼンを受けた側は、プレゼンで漏れていたポイントや疑問点をメモして、それを見ながら質問するようにしましょう。

　それに対する答えを総合的に判断して、いつ、何台注文するかを決めます。非常に有望な商品なので大量に仕入れて販売したい場合は、発注量を背景にして、初回ロットの割り当て数量の増加や追加数量ディスカウントなどを交渉します。

English Tips

ビジネスでよく使う表現（13）　take off「飛び立つ」

off は「離れている」状態を表します。
例：The rocket **took off** safely.（ロケットが無事に飛び立った）
　　Our sales **took off** from March onward.（3月以降、売上が急増した）
　　She **took off** her make-up as soon as she came home.（彼女は帰宅するとすぐにお化粧を落とした）
　　I want to **take** a day **off** next week.（来週1日休みを取りたい）

プレゼンテーション（Presentation）

海外出張 編
On business trips abroad

CHAPTER
15
接 待
Business entertainment

CHAPTER 15

01 最高級のレストランに招待される
Being invited to one of the best restaurants in town

TRACK 48

Dialogue　　A: 日本人ビジネスパーソン　B: ニューヨークの取引先の担当者

A: Thank you very much for inviting me to such an exclusive restaurant. The atmosphere here is second to none.

B: It's my pleasure. I'm glad that you went for the oysters. They're a specialty of this region. Here, take some lemon to bring out the flavor.

A: Yes, thank you. Your choice of white wine is just exquisite. This Burgundy Chardonnay goes very well with the oysters.

B: I've ordered my favorite bottle of Chateau Margaux for the main course. Their rib-eye steak is the most popular item on the menu.

A：このような高級レストランにご招待いただき、本当にありがとうございます。ここの雰囲気は最高です。
B：どういたしまして。あなたが牡蠣を注文なさったので嬉しいです。この地方の特産なのです。さあ、味を引き出すためにレモンをどうぞ。
A：はい、ありがとう。白ワインのあなたの選択は抜群ですね。このブルゴーニュのシャルドネは牡蠣とよく合います。
B：メインコースには、お気に入りのシャトー・マルゴーを注文しておきました。この店のリブアイステーキは最も人気のある料理です。

Vocabulary

exclusive（高級な）　second to none（誰にも負けない）　go for ...（〜を選ぶ）　specialty（特産）
exquisite（見事な）　Burgundy（ブルゴーニュワイン）

232　海外出張編（On business trips abroad）

レストランに招待されたときの重要表現

exclusive restaurant

（高級レストラン）
exclusive には「他とは違う」という隠れたニュアンスがあり、その背後に特別感や高級感を漂わせています。ダイアログでは「exclusive restaurant（高級レストラン）にご招待いただきありがとうございます」とお礼を述べていますが、もしもこれが expensive restaurant だったなら、あまりにストレートすぎる感じが否めません。
[例文] **exclusive** hotel（高級ホテル）
 exclusive condominium（高級マンション）

second to none

（右に出るものはない）
「誰にも（何にも）負けない」ということですが、ずばりひとことで言い換えるなら best です。
[例文] As a salesperson, he's **second to none**.
 （セールスパーソンとして彼の右に出る者はいない）

go very well with ...

（〜によく合う）
ブルゴーニュのシャルドネは牡蠣とよく合いますし、シャトー・マルゴーのようなボルドーのカベルネ・ソーヴィニヨンはリブアイステーキによく合います。このように、ワインと食事の相性を表すのには go well with ... がぴったりです。

料理名 is the most popular item on the menu.

（ここの店の〜は最も人気のある料理です）
例えば、クライアントが何を食べようか迷っているとき、または考えているとき、その店のおすすめ料理を伝える表現です。押しつけがましくなく、スマートな対応です。

接待（Business entertainment）

💬 Jamie's advice　こんな言い方もできます

---

1. **Thank you very much for inviting me.**（お招きくださり、本当にありがとうございます）
2. **I can't thank you enough for inviting me.**（ご招待いただき、お礼の言葉もありません）
   💬 とても感謝しており、また招待されたことを名誉に感じています。can't thank you enough はお礼をしてもしきれない、つまり、言葉で言い表せないほど感謝しているということ。

---

1. **bring out the flavor**（味を引き出す）
2. **enhance the flavor**（風味を高める）
   💬 1 よりもフォーマルな言い方です。

---

1. **Yes, thank you.**（はい、ありがとう）
   💬 食べ物や飲み物などを勧められたときのお礼の表現。
2. **I'm OK, thank you.**（大丈夫です。ありがとう）
   💬 1 よりもカジュアルな言い方です。
3. **I'm good, thanks.**（いいですよ）
   💬 断りを入れているのですが、いかにも拒絶していますという感じではなく、さりげなく、かつカジュアルでフレンドリーな対応と言えるでしょう。

● 注文をするときの表現
1. **I'll go for ...**（〜にします）
2. **I'll have ...**（〜にします）
   💬 どちらもメニューから選ぶときの表現。「これにします」という意味で、...の部分に自分の選んだものを言います。

Business Tips レストランに招待されたときのポイント

　ニューヨークの広告代理店と日本の広告代理店のタイアップを仲介したことがあります。業務提携契約書にサインした後、最高級レストランに招待されました。

　このような場合のメニュー選びのコツをご伝授しましょう。

　招待してくれた広告代理店の社長はこのお店の常連でしょうから、社長が勧めるメニューをまず尋ねることで、その顔も立てることができますし、最もおいしい料理が食べられる確率が高まります。

　スターター、メインコースに従って、ワインが出されます。ホストの趣味や予算もあるので、相手のチョイスに任せるのが普通です。もしもあなたの好みを尋ねられたら、I like Sauvignon Blanc.（ソーヴィニヨン・ブランが好きです）と言うに留めておいて、具体的なブランドの選択はホストに任せるのが礼儀です。最も大切なのは、会話。今後の共同のビジネスに加えて、個人的な趣味とか家族の話題など引き出しが多いほうが、盛り上がります。

　国際政治、経済などマクロ的話題にも対応できると、あなたへの印象が高まります。おいしい料理をごちそうになるのですから、会話の話題をこちらから提供するくらいの配慮と準備が肝要です。

English Tips

ビジネスでよく使う表現（14）
put on「太る」「ふりをする」「CDなどをかける」

put on「太る」「ふりをする」「CDなどをかける」。on は「その上に」「それに加えて」というニュアンスです。

例：She has **put on** 5 kilos during the summer vacation.（彼女は夏休みの間に5キロ太った）

　　She **put on** a bewildered face when he told her he loved her.（彼が彼女を好きだと言ったとき、彼女は当惑した表情をした）

　　Please **put on** my favorite CD while we eat.（食事中に私の大好きなCDをかけてください）

接待（Business entertainment）

02 ゴルフクラブに招待される
Being invited to a golf club

TRACK 49

Dialogue   A: 取引先企業の担当者　B: 海外出張中の日本人ビジネスパーソン

A: Mr. Tanaka, it's great to be able to take my mind off work and come and witness your golfing prowess first-hand. You must have been practicing for many years. All your shots soar straight as arrows towards the hole!

B: Thanks, Suzie, but you're holding your own as well! I'm particularly impressed by your approach shots and your putting.

A: Thanks. I have to use my brains and short game technique to compete against your strength.

A：田中さん、仕事のことを忘れて、あなたのゴルフの腕前をじかに拝見できるのは、素晴らしい。長年、練習されてきたのでしょうね。すべてのショットが矢のようにまっすぐ飛びますね。
B：ありがとう、スージー。あなたもなかなかの腕前ですね。特にあなたのアプローチショットとパッティングに感心しました。
A：嬉しいです。男性の力に対抗するために、頭脳とショートゲームのテクニックを使っているんですよ。

Vocabulary

take one's mind off ...（〜のことを忘れる）　witness（目の当たりにする）　prowess（優れた腕前）　first-hand（じかに）　soar（高く上がる）　approach shot（グリーンに寄せるショット）　short game（短い距離のショット）　compete against ...（〜と競う）

ゴルフクラブに招待されたときの重要表現

first-hand

（じかに）
first-hand には形容詞と副詞の用法があります。ダイアログの first-hand は witness（目撃する）にかかる副詞です。また、形容詞の場合は次のように使います。
［例文］**first-hand** experience（実体験）
　　　　first-hand information（じかに得た情報）
at first hand（じかに）という表現もありますが、ハイフンは不要です。

All your shots soar straight as arrows towards the hole!

（すべてのショットが矢のようにまっすぐ飛びますね）
「ゴルフはミスのスポーツ」と言われるほど、狙ったところにボールが飛んでいきません。ですから、まっすぐに打てるというのは素晴らしいことで、最高の賛辞なのです。なお、動詞の sore は「高く舞い上がる」。straight as an arrow は直訳すると「矢のようにまっすぐに」ですが、「一直線に」という意味の慣用表現です。

You're holding your own as well!

（あなたもなかなかの腕前ですね）
「引けを取らない」「屈しない」という意味です。
「負けず劣らず」というニュアンスが含まれています。

💬 Jamie's advice　こんな言い方もできます

---

1. take one's mind off work（仕事のことを忘れる）
💬趣味などに没頭しているとき、仕事のことを心から払拭する、ということ。

2. forget about work（仕事のことを忘れる）
💬趣味と仕事を分けて考えており、例えばゴルフが趣味であれば、ゴルフと仕事の間にはきっちりとした仕切りがあります。

---

1. You're holding your own!（なかなかの腕前ですね）
💬話者は「相手がこれほどの腕前だとは思ってもみなかった」と感じています。「引けを取りません」という訳もピッタリです。

2. You're playing really well!（とてもお上手ですね）
💬こちらは一般的なほめ言葉です。

---

1. I'm particularly impressed by your approach shots.
（特にあなたのアプローチショットに感心しました）

2. I was surprised by the distance of your driving shots.（あなたのドライバーの飛距離の長さにびっくりしました）

3. I was amazed at the delicate touch of your putting.（あなたのパッティングの繊細なタッチに驚きました）

💬いずれも、対戦相手へのほめ言葉です。

Business Tips ゴルフクラブに招待されたときのポイント

ゴルフとビジネスに関して、アメリカではこのように言われます。
A lot of business gets done on the golf course. Balls are lost, but relationships are formed and deals are made.（ゴルフコースでは多くのビジネスが行われる。ボールはなくすかもしれないが、いい人間関係が構築されて、取引が成立する）

接待ゴルフで最も大切なことは、相手をスコアで打ち負かすことではなく、いかに楽しく1日を一緒に過ごして、お互いに親近感を深めることです。それでビジネスもうまくいくようになるのです。

私も外国でゴルフに招待されたことが何回かあります。

ロンドン郊外のウエントワースゴルフ倶楽部は、1926年に作られた名門コース。ここのメンバーであるイギリスの取引先の社長が、あるとき私を招待してくれました。ブレザーにネクタイを締めて、英国紳士のような顔をして到着。気をつけるべきマナーは、大声を出さない、プレイに余計な時間をかけない、大きな賭けはしない。あとは大自然の中で、ゴルフに集中すればいい。

こんな素敵な時間を共有すれば、自然と一緒にビジネスがしたい気持ちになるものです。

English Tips

ビジネスでよく使う表現(15)
put off「～を先延ばしにする」「～を延期する」「～をうんざりさせる」

off は「現時点から将来へ」のニュアンスです。

例：**Put off** the decision until tomorrow.（明日まで決断は先延ばしにしなさい）
The football match **was put off** due to the rain.（そのサッカーの試合は雨のために延期された）
Her words and attitude **put** me **off** and I lost interest in her.（彼女の言葉と行動が私をうんざりさせ、私は彼女への興味を失った）

接待（Business entertainment）

CHAPTER 15

03 取引先の自宅に招待され、家族に紹介される

Being invited to a client's house and being introduced to their family

TRACK 50

Dialogue　　　　A: 取引先の部長の妻　B: 海外出張中の日本人ビジネスパーソン

A: My husband thinks the world of you, and it's wonderful that you two have hit it off so well. He also says you're a very hard worker. When you're not busy working, what do you do in your free time, Mr. Sakamoto?

B: I'm very fond of period dramas, and I've played ice hockey for many years. More recently, I've also taken up scuba diving.

A: Your interests are multi-faceted. How do you find time to juggle your work and hobbies?

B: I make sure I switch off from work as soon as I leave the office, to relax and enjoy my life.

A：私の夫はあなたのことを気に入っています。そんなに気が合うなんて、素晴らしいですね。とても熱心に働く方だとも伺っています。仕事で忙しくないときは、何をしていらっしゃるのですか、坂本さん。
B：時代劇が大好きです。長年アイスホッケーをやっています。最近はスキューバ・ダイビングも始めました。
A：多趣味でいらっしゃいますね。仕事と趣味をやりくりするための時間はどうされていますか？
B：会社を出ると同時に、仕事を忘れるようにして、リラックスして人生を楽しむようにしています。

Vocabulary

hit it off（意気投合する）　be fond of ...（〜がとても好きだ）　period drama（時代劇）　take up（［趣味など］を始める）　juggle（複数のことをうまくこなす）

240　海外出張編（On business trips abroad）

取引先の自宅に招待されたときの重要表現

think the world of you

(とても気に入っている)
この world は「世界」ではなく、程度を表しています。つまり、世界規模で気に入っている(= 大好きだ)と言っているのです。なかなか面白いフレーズですが、実に使い勝手が良く、the world の部分を入れ換えれば、さらにバリエーションが広がります。
[例文] I **think the world of** her.(彼女が大好き)
I **think poorly of** her.(彼女のことなんてどうでもいい)
I **think little of** him.(彼なんか構うもんか)

Your interests are multi-faceted.

(多趣味でいらっしゃいますね)
multi-faceted は「多面的な」の意味。a multi-faceted problem(多面的な問題)、a multi-faceted artist(多面的なアーティスト)のように使うことができます。

juggle one's work and hobbies

(仕事と趣味をやりくりする)
juggle は、お手玉のようにボールをぐるぐると空中に回して見せる曲芸(ジャグリング)のことで、複数のことを同時にやりくりする、という意味で使われます。それ相応のテクニックが求められることから、juggle にはうまくバランスを保ちながらこなすニュアンスが含まれます。
[例文] She works full time, **juggling** her career and raising children.
(彼女はフルタイムで働きながら、キャリアと子育てを両立している)

switch off from work

(仕事を忘れる)
「仕事のスイッチをオフにする」ということです。仕事モードをオフにする、といった訳がぴったりです。

接待(Business entertainment)

Jamie's advice こんな言い方もできます

1. **hit it off**（意気投合する）
   💬 出会ってすぐに気が合った、という場合に使います。
2. **get on well**（仲がいい）
   💬 こちらはいい関係が長期的に続いている場合に。イギリスで使われる表現。
3. **get on like a house on fire**（とても仲がいい）
   💬 イギリスで使われるカジュアルな言い方で、「とても親しい」。

---

1. **What do you do in your free time?**（暇なときは何をしますか？）
2. **What do you get up to in your spare time?**（暇なときは何してるの？）
   💬 1よりもカジュアルな言い方。▶ spare time は「空き時間」。

---

1. **I'm very fond of ...**（〜が大好きです）
   💬 趣味やスポーツなど、長い間に渡って好きなものを語るときに使います。
2. **I'm very into ...**（〜にどっぷりつかっています）
   💬 「はまっている」という意味で、最近好きになったものに対して使います。
3. **I'm passionate about ...**（〜に夢中です）
   💬 すっかり心を奪われている状態です。

---

1. **find time to do ...**（〜するために時間を見つける）
   💬 「そのための時間がない」のが前提の表現で、上手にやりくりしながら時間を見つける、ということ。
2. **make time to do ...**（〜するために時間を作る）
   💬 1とほぼ同じ意味で使われます。

Business Tips 取引先の自宅に招待されたときのポイント

　サンフランシスコのビジネス仲間アランから、自宅での日曜日のランチに招待されたことがあります。2人の幼いお子さんと奥様のポーラさんが迎えてくれました。

　アランとポーラが庭でバーベキューを用意してくれ、その間子どもたちは私にじゃれついていました。

　こんな状況のときには、ビジネスの話をするのは最も野暮です。お子さんがかわいいとか、自分も東京の家では料理をするのが趣味だとか、「自分の息子は30歳で、IT企業で働いている」「娘は24歳でピアニストである」「自分の妻の趣味はヨガと英会話である」など、とりとめもない話をするのが礼儀なのです。

　My hobby is my job.（仕事が趣味です）だけではつまりませんから、趣味を多く持ち、多くの話題を話すようにしてくださいね。

　こんな素敵なおもてなしをしてくれたアランの家族に、私が持参した日本からのおみやげは浴衣でした。みんな大喜びで、さっそく試着して見せてくれたのも楽しい思い出です。

English Tips

ビジネスでよく使う表現（16）**come on**「早くして」「参加して」

on は「乗っかる」ニュアンス。come on は句動詞で「こちらに来て」という意味です。come on board は本来「乗船する」という意味ですが、そこから派生して「参加する」。

例：**Come on** and join us!（さあ、こちらに来て、私たちに加わって！）
　　You should **come on board** for our new project.（あなたは我々の新プロジェクトに参加すべきだ）

接待（Business entertainment）

海外出張 編
On business trips abroad

CHAPTER
16

お別れ
Saying goodbye

01 アメリカでお世話になったホストへお礼を述べる

Expressing gratitude to your host in the U.S.

TRACK 51

Dialogue　　A: 海外出張中の日本人ビジネスパーソン　B: 取引先の部長

A: <u>Thank you so much for all you have done for me</u> during my stay. <u>You've gone to great lengths</u> to make me feel at home in the Big Apple.

B: It's my pleasure. Seeing as we got along so well, <u>I have great confidence in</u> the future of our companies' relationship.

A: When you come to Japan, please make sure to bring your wife. <u>I'd love to show you around.</u>

B: She'll be very happy to hear that. She <u>has had her heart set on</u> visiting Japan for ages. I'll let you know when we come over!

A：私の滞在中、すっかりお世話になり、本当にありがとうございました。ニューヨークで私がくつろげるように、いろいろとしてくださいました。
B：どういたしまして。私たちは本当に気が合ったので、私たちの会社同士の関係も今後うまく行く自信が大いに持てます。
A：日本にいらっしゃるときは、必ず奥様を連れてきてください。お2人を案内させていただきます。
B：彼女はそれを聞いて大喜びでしょう。長年日本に行きたがっていました。伺うときは、必ずお知らせします。

Vocabulary

go to great lengths（大いに骨を折る）　the Big Apple（ニューヨークの愛称）　show ＋人＋ around（〜を案内する）

246　海外出張編（On business trips abroad）

お世話になったホストへお礼を述べるときの重要表現

Thank you so much for all you have done for me.

（色々とお世話になり、本当にありがとうございました）
お礼を述べるときの表現です。for の後に all you have done for me（あなたが私のためにしてくれたことすべて）を続けることで、かけたであろう足労に対して感謝とお礼の意を示す形となります。なお、Thank you for everything. という表現もありますが、「すべて」とひとくくりにするよりも、表題の言い回しのほうがよりパーソナルな印象を与えます。

You've gone to great lengths.

（いろいろとしてくださいました）
お礼のあとにこう言ってひとこと、感謝の気持ちを添えましょう。言われた側もきっと嬉しいに違いありません。

I have great confidence in ...

（～について大いに自信が持てます）
ダイアログの中でBさんは **I have great confidence in** the future of our company's relationship. と言っています。つまり、帰国後もAさんとのより良い関係を続けていきたいと願っており、またそうできるであろうと自信を持っています。このように in のあとには、そうだと信じていることを表す言葉が続きます。

have one's heart set on doing ...

（～すると心に決める）
確固たる思いがはっきりと見て取れる表現です。I want to go to Japan someday. は単に「行きたい」ですが（これだけでも、それ相応の思いではありますが）、She has her heart set on going to Japan. は、それを凌ぎ「絶対に行く」とアピールしています。

お別れ（Saying goodbye）　247

💬 Jamie's advice こんな言い方もできます

---

1. **Thank you so much for all you have done for me.**（色々とお世話になり、本当にありがとうございました）
2. **Thank you so much for your hospitality.**（おもてなしにとても感謝しています）
   - 💬 take care of は「〜の世話をする」のほか、病人を看病するという意味もあります。

---

1. **make me feel at home**（私をくつろがせてくれる）
   - 💬 自宅にいるように気兼ねなく自由に過ごさせてくれる、ということ。
2. **make me feel welcomed**（私を温かく迎えてくれる）
   - 💬 直訳すると「歓迎されている気分にしてくれる」。喜んで迎えたいという思いが伝わる表現です。

---

1. **I'd love to show you around.**（喜んでご案内します）
   - 💬 こう言って、観光名所や相手の行きたい場所にお連れします。
2. **I'd love to be your tour guide.**（ぜひ、あなたの観光ガイドになります）
   - 💬 １日ガイド役としてお薦めのスポットをご案内します、と申し出ています。遊び心溢れるフレーズです。

---

1. **I'll let you know.**（連絡しますね）
   - 💬 「お知らせします」の一般的な表現。
2. **I'll call you.**（連絡するよ）
   - 💬 とてもカジュアルな言い回しです。なお、イギリスでは、I'll ring you up. と言ったりもします。どちらも同じ意味で使われます。

海外出張編（On business trips abroad）

Business Tips お別れの挨拶でのポイント

　お世話になった方にお別れを述べる際には、お世話になったことに対する感謝と、再会することの期待を述べることが大切です。
　Good bye. の代わりに、See you again soon! とか I'll be coming back to see you next year. と再会を匂わせるといいですね。
　また、Keep in touch! とか We'll exchange emails. とか We can talk on Skype every day. など、今後も頻繁にコンタクトしていくようにしたい意志を伝えることも大切です。
　世界は狭く、通信手段も交通手段も安価に利用できますので、別れは以前よりも深刻ではなくなってきています。
　別れるときのマナーですが、親しさの度合いによって、使い分けましょう。単にいい取引先ならば、握手が無難です。お互いに友情を感じているのであれば、明るくハグして親近感を再確認するのもいいでしょう。

English Tips

ビジネスでよく使う表現(17) **come through「〜を切り抜ける」**

through には、「通り抜ける」ニュアンスがあります。
例：We **came through** a difficult period together.（我々は難しい時期を一緒に切り抜けた）
　　Japan **came through** the recession nicely.（日本はうまく不況から脱した）
　　The truth **came** shining **through**.（真実がはっきりと見えてきた）

CHAPTER 16

02 日本への来客にお礼を述べる
Expressing gratitude to your guest in Japan

TRACK 52

Dialogue　　A: 来日した取引先の部長　B: 来日中の対応を担当したスタッフ

A: Thank you, Sachiko, for being such a wonderful interpreter and tour guide. Your hospitality really made my stay in Tokyo.

B: The pleasure is all mine. I enjoyed your company very much and learned a lot about your country's way of doing business.

A: That makes two of us. I also got an insight into Japanese mentality and saw Japanese culture in a new light. I'm sure it'll stand me in good stead for my future business deals.

B: We both seem to have gotten a lot out of this time. I'm eager to see what the future holds!

A：幸子さん、素晴らしい通訳と観光ガイドをしていただいて、ありがとう。あなたのおもてなしで、私たちの東京での滞在が本当に素晴らしいものになりました。
B：こちらこそ。一緒にいて大変楽しかったし、あなたの国でのビジネスのやりかたをたくさん勉強しました。
A：それはお互い様です。私も日本人の考え方が理解できたし、新しい視点から日本文化を見ることができました。私の将来のビジネスの取引にとって、必ず役に立つでしょう。
B：今回はお互いにとって、非常に有益でした。今後どうなるか、大変楽しみです。

Vocabulary

gratitude（感謝）　hospitality（もてなし）　insight（見識）　mentality（気質）　stand ＋人＋ in good stead（〜に大いに役立つ）　be eager to ...（とても〜したい）

250　海外出張編（On business trips abroad）

日本への訪問についてお礼を述べるときの重要表現

make one's stay

（滞在を楽しいものにする）
直訳すると「滞在を作る」ですが、良い意味で作るのが前提の表現なので、特に pleasant（気持ちのよい）や enjoyable（楽しい）などを伴わなくとも、それが楽しいものだとわかります。同様に、make one's day（〜を喜ばせる）にもポジティブなニュアンスが含まれています。
[例文] Thank you. You **made my day**.
（ありがとう。あなたのおかげでとてもいい1日です）

I got an insight into Japanese mentality.

（日本人の考え方が理解できました）
ダイアログの中で、A さんはさまざまな経験を通して視野が広がり、日本人のメンタリティーが理解できるようになったと言っています。つまり、get an insight into ... は洞察を通して「理解する」ということ。これがもし I understood it. だったなら、それは単に「知った」という結果の報告であり、経験値や洞察の深さによる理解という含みはありません。
[例文] I **got an insight into** the Japanese way of thinking.
（日本人のものの考え方がわかるようになりました）※洞察を通して
I **understood** the Japanese way of thinking.
（日本人のものの考え方を知りました）※知ったという結果

I'm eager to see what the future holds.

（今後どうなるか、とても楽しみです）
what the future holds は、未来が何を「つかむのか」ではなく、未来がどのように「なるか」です。ダイアログでは、有意義な時間を過ごしたのち、未来がどのような展開になっていくのかが今からとても楽しみだと言っています。

Jamie's advice こんな言い方もできます

---

1. **I enjoyed your company very much.**（お供することができて、とても楽しかったです）
   - 💬 company には「会社」のほか、「仲間」や「交友」などの意味があります。
2. **I enjoyed spending time with you very much.**（あなたと一緒に時間を過ごせて、とても楽しかったです）

---

1. **That makes two of us.**（同感です）
   - 💬 直訳すると、「そう思うのはあなたと私の２人です」。互いが同じ立場にあるときに使えば「お互いさまです」に。
2. **I feel exactly the same.**（私もまったく同感です）

---

1. **I saw Japanese culture in a new light.**（新たな視点で日本文化を見ることができました）
   - 💬 まったく新しい視点で日本文化を見るようになった、ということ。
2. **I discovered a new side of Japanese culture.**（日本文化の新しい側面を発見しました）
   - 💬 これまでと変わらぬ視点を保ちつつ、新たな側面を発見した、ということ。

---

1. **We have gotten a lot out of this time.**（非常に有益でした）
   - 💬 一般的に、アメリカでは have gotten（または got）、イギリスでは have got が使われます。
2. **We have gained a lot from this experience.**（この経験から多くを得ました）
   - 💬 それが実りある経験であったことがわかります。

Business Tips 日本への来客におもてなしをする際のポイント

　日本に来る外国人ビジネスパーソンは、ほとんど全員が日本文化、歴史、日本食などに興味を持っています。彼らの興味を満足させてあげると、個人的な友情が深まり、またビジネス関係も非常にスムーズにいくものです。いくつか、ポイントを挙げます。

①日本食。外国人が好む日本食は、寿司、すき焼き、しゃぶしゃぶ、鉄板焼き、トンカツ、焼き鳥など。必ずしも高級な店に連れて行く必要はなく、築地の場外市場の寿司とか居酒屋の焼き鳥や日本庭園の中の鉄板焼きなど、日本的雰囲気のある場所を選ぶと、喜ばれますよ。
②お土産のショッピングに付き合ってあげるのも、大切です。東京であれば、浅草寺の仲見世、表参道のオリエンタルバザー、銀座のラオックス、その近くの「肉のハナマサ」などは好評です。意外だったのが、デパートの食料品売り場。私がデパ地下にお連れした、日本食好きな外国人は、ふりかけ、昆布、青じそサラダドレッシング、納豆などを買い漁っていました。
③究極のおもてなしは、自宅に招待することです。どんなに狭くても、恥ずかしがらずに、招待して、トンカツを一緒に揚げたり、手巻き寿司を作ったりすると、ことのほか感激してくれますよ。

English Tips

ビジネスでよく使う表現（18）**come to**「〜になる」「意識が戻る」

come to には「ある状態に達する」という意味があります。
例：After discussing for a long time, we **came to** a compromise.（長い議論の末、我々は妥協点に達した）
She **came to** several hours after the accident.（事故から数時間後に彼女は意識を取り戻した）
Unfortunately, our romance **came to an end**.（残念なことに、我々のロマンスは終わった）

お別れ（Saying goodbye）

03 空港までのタクシーを手配する
Arranging a taxi to the airport

TRACK 53

Dialogue　　　A: 海外の企業の営業担当者　B: タクシー会社の電話応対係

A: Hello, this is Jaccs and Co. in Wimbledon, and I would like to book a cab to the airport ASAP.
B: Wait one moment, please. I'll just check to see if any of our taxis are near your current location. Ah yes, Cab #28 is heading towards where you are right now. It'll be there in 10 minutes. Which airport are you going to?
A: Thanks. It's for our guest, Mr. Tanaka. He needs to be at Heathrow by 11 a.m. at all costs. He'll be waiting outside our head office.
B: Don't worry, sir. We'll see that he gets there in time and makes his flight.

A：もしもし、ウインブルドンのジャックスアンドカンパニーですが、大至急空港までタクシーを1台お願いします。
B：しばらくお待ちください。弊社のタクシーがお近くにいるかどうか、ただいまチェックします。28号車を今そちらに向かわせます。10分ほどで到着しますので。どちらの空港にいらっしゃいますか？
A：ありがとうございます。私どものお客様の田中様が乗られます。どうしても11時までにヒースロー空港に行かなければなりません。お客様には我々の本社の前でお待ちいただきます。
B：ご心配は無用です。飛行機に間に合う時間に、空港へ到着するようにいたします。

Vocabulary

book（予約する）　ASAP（大至急）　current（現在の）　head towards ...（～に向かう）　at all cost（何としてでも）　head office（本社）　in time（間に合って）

254　海外出張編（On business trips abroad）

空港までのタクシーを手配する際の表現

book a cab

(タクシーを呼ぶ)
book には「予約する」という意味もあります。その昔、予約を台帳に記入していたことに由来する表現。このダイアログではイギリスが舞台なので、book を使っていますが、アメリカでは reserve のほうが一般的です。
[例文] **book** a table for two for 7 o'clock tonight
(今晩7時、2名でテーブルを予約する)
The musical is **booked up**.
(そのミュージカルは満席です) イギリスで使われる表現。
Sorry, we're **fully booked**.
(申し訳ありませんが、いっぱいです)

there in 10 minutes

(10分でそこに着く)
p.171 にも出てきましたが、未来の出来事を表す場合、in は「〜後」という意味で使われます。

He needs to be at Heathrow by 11 a.m.

(11時までにヒースロー空港に行かなければなりません)
need to do ...は必要に迫られてする「〜しなければならない」。なお、have to ...もほぼ同じ意味で使えます。

make one's flight

(飛行機に間に合う)
make は「(時間に)間に合う」で、make the shuttle (シャトルバスに間に合う)、make a deadline (締切に間に合う)のように使います。なお、目的語を特定せずに make it と言うこともあります。
[例文] Do you think we can **make it**?
(間に合うと思う?)

お別れ (Saying goodbye)　255

Jamie's advice こんな言い方もできます

1. **ASAP**（大至急）
   💬 礼儀を保ちつつ、急いでほしいとお願いしています。「エィエスエィピィ」と読みます。
2. **immediately**（すぐに）
   💬 先方の都合にかかわらずお願いをしている感じで、使い方によっては礼儀を欠いた響きを伴います。

---

1. **be heading towards ...**（〜に向かっている）
2. **be heading away from ...**（〜から反対の方向に向かっている）

---

1. **need to be there at all costs**（どうしても着かなければならない）
   💬 いかなる代価を払ってでも到着しなければならない、という確固たる意志が認められます。
2. **need to be there regardless**（どんなことがあっても着かなければならない）
   💬 何があろうとそうせねばならないという思いが込められ、1と同じく強い義務感に導かれています。

---

1. **We'll see that ...**（そのようにします）
   💬 この see は「取り計らう」という意味で、that 以下のことを行うと伝えています。
2. **We'll make sure that ...**（必ずそうします）
   💬 1 よりも確実性は高いです。
3. **We'll ensure that ...**（確実にそうします）
   💬 フォーマルな言い方。ensure は「保証する」。

Business Tips 空港までのタクシーを手配する際のポイント

　世界中の大都市の空港には複数のターミナルがあります。それをはっきりタクシーの運転手に伝えないと、とんでもない場所に連れて行かれることがあります。
　ニューヨークのJFK空港からマンハッタンのミッドタウンまでタクシーに乗ったとき、この運転手がわざとウォールストリートのほうまで回り道をして割増料金を稼ごうとしたので、大声で叫びました。
You're trying to take a detour. Get off the highway right now!
（回り道をしようとしているな。すぐに高速道路から降りろ！）
　すると、しぶしぶ高速道路を下りて、ミッドタウンに向かい始めました。時には、このように毅然として、抗議することも大切です。
　逆に日本で、海外からのお客様のためにタクシーを手配してさしあげるときは、次のことに気をつけましょう。
①いつもお願いしているなじみのタクシー会社を使う。
②お客様が外国人であることを告げる。
③可能ならば、英会話ができる運転手をリクエストする。
④あらかじめ、料金を聞いて、それを相手に伝えておく。

English Tips

ビジネスでよく使う表現（19）　**set about**「〜し始める」

set about は「〜を始める」。start や begin と同じ意味になります。
例：We will **set about** learning English properly this year.（今年から英語をきちんと勉強します）
The government **has set about** reforming the Agricultural Cooperatives.（政府は農協改革に乗り出した）

索引
覚えておきたい ビジネス英語表現

本書のダイアログに出てくる重要表現（青い太字の語句と、下線を引いた語句）と、「いろいろな言い方」で紹介した言い換え表現を掲載しています。語句の後ろの数字は掲載ページです。

A

a bank holiday weekend 196
a border dispute with + 国 over … 65
a brainstorming session 43
a comprehensive list of … 83, 84
a cut above … 213
a dip in sales 224
a jump in sales 224
a long weekend 196
a plunge in sales 224
a recent merger of … 136
a regular client 172
a ripple effect 47
a rush of orders 175
a subsidiary of … 136
adhere to strict standards of hygiene 214
ads 145
affordable price tag 227
All your shots soar straight as arrows towards the hole! 237
Also 140
Am I speaking to Ms. Chan? 26
an additional 10% discount 154

an additional 20% discount on the wholesale price 167
an affiliate of … 136
an established client 172
an excessive amount of inventory of … 168
an extra 10% discount 154
an increase in sales 224
analyze one's cash-flow 158
Another point which I would like to talk about is … 52
arrange a distributor agreement with … 55
arrange a meeting 108
as a goodwill gesture 186
As a rule of thumb, we don't do that. 102
As for media buying, we charge 10% of the total media cost. 129
As I understand it 186
as long as you can get them to us by the end of the month 164
ASAP 256
ask for payment up front 55, 56
assets as collateral 157
at no extra cost 186

at present ... 219

B

back order ... 163
basic conditions ... 56
basic terms ... 56
be coming along ... 107
be eligible for the top bracket ... 172
be flooded with 163
be going through tough times ... 65
be heading away from 256
be heading towards 256
be inundated with inquiries ... 18
be picking up ... 153
be selling like hotcakes ... 39
be set in stone ... 203
Beats me. ... 66
Before I begin ... 224
Before we go further ... 130
Before we turn to the topic of 130
book a cab ... 255
boost the economy ... 73
borrow money ... 158
branch into new markets ... 130
bring a product to market ... 40
bring out the flavor ... 234
Business has come to a halt. ... 48
Business has come to a standstill. ... 48
Business has slowed right down. ... 48
by law ... 190
by the way ... 121

C

Can you please wait just a second? ... 18
cash-flow ... 55
catch the pre-holiday season ... 227
CIF Yokohama ... 145
clarify ... 228
come down on the pricing ... 153
come up with ... 116
come up with some ideas ... 44
commit to 219
Could I please speak to Mr. Bridge? ... 22
Could you help us? ... 158
Could you please hold for just a moment? ... 18
Could you put me through to Mr. Bridge? ... 22
credit an account ... 181
cut corners ... 125
cut unemployment ... 74
cutting-edge technology ... 139, 214

D

deal with one's clients ... 87
demand non-exclusive distributorship ... 55
deregulate the financial sector ... 69
Did the meeting go smoothly? ... 80
Did you have a productive meeting? ... 80
Did you have a successful meeting? ... 80

Index 259

die	185
differentiate oneself	44
differentiate oneself from one's competitors	139
discuss it internally	145
discuss the order in more detail	112
discuss the specifics of the order	112
do business with ...	56
Do you think that you'd be able to help us?	158
double-check	21
drive a hard bargain	145
Drop me a line.	88
due to a train accident	200
due to company policy	190
due to company procedure	190
due to my last meeting running over	200
due to the heavy traffic	200
during the recession	210
during the tough economic times	210

E

enhance the flavor	234
enjoy a large market share	223
enthusiastic about doing ...	79
entrust you with a list	84
environmentally friendly	210
estimated delivery schedule	227
exclusive restaurant	233
expand into new markets	130
expedite production	176

F

Feel free to get in touch at any time.	88
few and far between	195
find time for ...	61
find time to do ...	242
find one's niche	129
first and foremost	203
First things first	224
First up on the agenda	48
first-hand	237
focus group	51
focus on ...	228
focus one's efforts on ...	228
for us	150
foreign policy	73
forget about work	238
free of charge	186
from our side	150

G

general terms and conditions	56
get back on schedule	176
get back on track	176
get back to + 人	135
get back to you	33
get on like a house on fire	242
get on well	242
get promoted	61
get rid of red tape	69
get the ball rolling	40
get the process started	40

get to the bottom of ...	189
give or take 10 minutes	199
give us a lower interest rate	157
give you a list	83, 84
Given the current economic climate	79, 80
Given the current state of the economy	80
Given the exceptional circumstances	101
Global Communications Corporation, Helen speaking.	17
go bankrupt	176
go bust	176
go out of your way to do ...	204
Go through the automatic doors, and it's on the left.	122
go very well with ...	233
grateful	101
green	210

H

have a lot of inquiries	18
have a lunch appointment	199
have a stable relationship	74
have a volatile relationship	74
have an unstable relationship	74
have one's heart set on doing ...	247
have some downtime	125
have 商品 in stock	17
He needs to be at Heathrow by 11 a.m.	255
He's on another call.	33
He's out for the day.	30
He's out of the office right now.	29, 30
He's working in real estate.	61
healthy net profit	135
hear through the grapevine that ...	209
help + 人 + out	167
hit it off	242
How about ...?	111
How about your son?	62
How can I help you?	18
How do you ensure that you maintain ...?	213
How does 7 p.m. on Friday sound?	115
How is the economy coming along?	70
How is the economy doing?	70
How is the economy faring?	70
How is the political scene in Japan?	73, 74
How may I help you?	18
hurry up production	176

I

I am awfully sorry that ...	182
I am delighted to meet you.	204
I am sorry that ...	182
I am terribly sorry that ...	182
I can give you her details.	25
I can imagine that this was very frustrating.	186

Index 261

I can't thank you enough for inviting me.	234
I couldn't get through.	17
I discovered a new side of Japanese culture.	252
I don't have it at hand.	21, 22
I don't have it on me.	22
I don't have the number at hand.	21, 22
I don't know much about cars, but ...	98
I don't think it'll damage our business that much.	98
I don't think it'll do much harm to our business.	98
I don't want to jump to any conclusions.	181
I enjoyed spending time with you very much.	252
I enjoyed your company very much.	252
I feel exactly the same.	252
I got an insight into Japanese mentality.	251
I happen to know ...	115
I have a reservation for ...	196
I have a reservation for a twin room under the name ...	195, 196
I have an appointment with + 人 at + 時間.	121, 122
I have an appointment with Ms. Wilson.	121, 122
I have great confidence in ...	247
I have no idea.	66, 87
I haven't seen you in ages.	62
I saw Japanese culture in a new light.	252
I think it's faulty.	181
I think we are getting our wires crossed.	195
I want to analyze your finances.	220
I want to review your finances.	220
I want to take a look at your finances.	220
I was amazed at the delicate touch of your putting.	238
I was surprised by the distance of your driving shots.	238
I would like ...	182
I'd be delighted to get to know them.	84
I'd be made up to get to know them.	84
I'd like to demonstrate our product.	220
I'd like to explain a little about how our product works.	220
I'd like to express my gratitude to you all for ...	224
I'd like to thank you all very much for ...	224
I'd love to be your tour guide.	248
I'd love to show you around.	248
I'll be in touch.	200
I'll brief you on the standard procedures before I leave.	88
I'll call you.	248
I'll get this.	116
I'll go for ...	234
I'll have ...	234

I'll keep my fingers crossed for +人.	61	I'm sorry for having bothered you.	22
I'll keep you posted.	200	I'm sorry for having wasted your time.	22
I'll keep you updated.	200		
I'll let him know you called.	34	I'm sure that they'll take off in Japan.	79, 80
I'll let you know.	248		
I'll make sure he gets your message.	34	I'm Tanaka, from KJ Solutions.	122
		I'm trying to contact him.	30
I'll send you a map by email.	108	I'm trying to get in touch with him.	30
I'll send you a map online.	108		
I'll show you the ropes before I leave.	88	I'm very fond of …	242
		I'm very impressed with …	227
I'm afraid you must have dialed the wrong number.	21	I'm very into …	242
		I've heard so much about you.	203
I'm calling from Company A.	34	if both sides agree	56
I'm calling on behalf of Company A.	34	if both sides are in agreement	56
		If I have understood correctly	186
I'm calling to let you know that …	111	If that suits you	26
		If that's OK with you	26
I'm eager to see what the future holds.	251	If we have a blackout	102
		If we have a power cut	102
I'm good, thanks.	234	If you leave it with me	190
I'm having second thoughts about …	154	immediately	256
		in a mess	65
I'm here to see Ms. Wilson.	122	in a slump	153
I'm looking for …	182	in charge of …	29
I'm looking to do …	154	In principle, we don't do that.	102
I'm no expert, but …	98	in the long run	97
I'm OK, thank you.	234	in the meantime	93
I'm particularly impressed by your approach shots.	238	in the pipeline	140
		in the works	140
I'm passionate about …	242	in time for …	149
I'm planning to do …	154	infringe upon a patent	220
I'm so happy to finally meet you.	204	introduce A to B face-to-face	84
		introduce A to B in person	84

Index 263

invest in ... ———— 214
Is this the Chan residence? ———— 26
It could come in handy. ———— 158
It could help us out. ———— 158
It didn't live up to your expectations. ———— 182
It failed to deliver. ———— 182
It is an honor to meet you. ———— 204
It is strongly recommended that you ask for payment up front. ———— 56
It isn't for sale. ———— 25, 26
It isn't surprising. ———— 70
It must have been very frustrating. ———— 186
It would be a good idea to ask for payment up front. ———— 55, 56
It would be an honor to get to know them. ———— 84
It would be vital that ... ———— 149
It would be wise to ask for payment up front. ———— 56
It's a done deal. ———— 220
It's a pleasure to meet you. ———— 204
It's advisable to discuss important issues in person. ———— 88
It's been a while. ———— 62
It's in the bag. ———— 220
It's just a shower. ———— 102
It's just down the corridor, first door on your left. ———— 122
It's my pleasure. ———— 203
It's on me. ———— 116
It's our honor. ———— 126
It's pouring. ———— 102
It's tipping it down. ———— 102
It's to be expected. ———— 70

J

juggle one's work and hobbies ———— 241

K

keep a close eye on our visitors ———— 213
kick off the process ———— 40

L

later today ———— 107
launch a product ———— 40
launch a range ———— 227
launch 商品 by + 期限 ———— 39
lay importance on ... ———— 227
Let me just check her diary. ———— 108
Let me just check her schedule. ———— 108
Let me take care of it for you. ———— 190
Let's call it a day. ———— 214
Let's finish here. ———— 214
Let's kick off with ... ———— 48
Let's move on to our next point. ———— 52
Let's move on to the matter of pricing. ———— 146
Let's not waste any time in doing ... ———— 97
Let's turn to the matter of pricing. ———— 146
Let's wrap it up. ———— 214

M

maintain high standards of hygiene ⋯ 214
make an appointment ⋯ 108
make an offer on + モノ for + 金額 ⋯ 25
make me feel at home ⋯ 248
make me feel welcomed ⋯ 248
make one's flight ⋯ 255
make one's stay ⋯ 251
make oneself stand out ⋯ 44
make the most of ... ⋯ 79
make time to do ... ⋯ 242
May I speak to Mr. Bridge? ⋯ 22
May I take you there? ⋯ 115, 116
Maybe you have the wrong number? ⋯ 21
meaning 240 yen per unit ⋯ 150
meet a deadline ⋯ 40
move on to ... ⋯ 40
Mr. Smith is out of the office right now. ⋯ 29, 30

N

need to be there at all costs ⋯ 256
need to be there regardless ⋯ 256
new line of products ⋯ 51
Next on the agenda ⋯ 52
No problem. ⋯ 18
No worries. ⋯ 18
Not great. ⋯ 66
Not so good. ⋯ 66

Nothing beats discussing important issues in person. ⋯ 88
Nothing compares to discussing important issues in person. ⋯ 88

O

obtain a patent ⋯ 220
offer the lot at a discount price ⋯ 168
offer the lot at a special price ⋯ 168
off-invoice discount ⋯ 171
on allocation ⋯ 175
on our part ⋯ 150
on the condition that ... ⋯ 146
on the off chance that ... ⋯ 195
on this number ⋯ 33
On top of that ⋯ 149
One moment please. ⋯ 30
One of our trucks has broken down. ⋯ 98
One of our trucks has packed up. ⋯ 98
one's best price ⋯ 149
order ⋯ 164
Our color printers are all out of order. ⋯ 93, 94
Our company is market driven. ⋯ 140
Our company is R & D driven. ⋯ 140
Our hands are tied. ⋯ 189
Our policies are paying off. ⋯ 70
Our policies are yielding good results. ⋯ 70
Our prospects are looking very bright. ⋯ 219
out of order ⋯ 93, 94

outstanding	116

P

pay a supplement of $1	164
pay an extra $1	164
pay off one's debt	172
place a larger order	153
place an order	164
play a large part in doing ...	51
Please be aware that ...	154
Please bear in mind that ...	154
Please don't hesitate to contact me.	88
Please hold the line.	30
Please know that ...	154
Please take this voucher for future purchases.	185
pricing structure	129
product planning	139
production capacity	209
Production output has suffered.	210
Production output has taken a blow.	210
Production output has taken a hit.	210
productive meeting	116
prove to be ...	83
provided that ...	146
provided that you can deliver them to us by the end of the month	164
push one's luck	195
put + A through to + B	17

put one's property on the market	25

Q

qualify for the top bracket	171, 172

R

resolve these problems	66
revolutionary technology	214

S

Sales have been disappointing.	48
Sales have been slow.	48
scrutinize one's cash-flow	158
second to none	116, 233
see if we can come to an arrangement	164
see if we can figure something out	164
see if we can work something out	164
settle an account	172
She can fit you in at 10 a.m. on Thursday.	108
She has a one-hour window at 10 a.m. on Thursday.	107, 108
She really has a lot on her plate.	62
She really has her work cut out for her.	62
She won't be long.	122
She'll be with you in a moment.	122
shed some light on ...	228

slash unemployment	74
sooner rather than later	47
sort it out	97
sort out these problems	66
speed up production	176
spend a lot of money on …	214
start from scratch	83
state-of-the-art technology	214
stick to a schedule	40
strength	129
successful meeting	116
switch off from work	241

T

take a look at one's cash-flow	158
take a seat	121
take one's mind off work	238
take out a loan	158
take the trouble to do …	204
Thank you for giving me a shot.	84
Thank you for giving me this opportunity.	84
Thank you for having confidence in me.	83
Thank you so much for all you have done for me.	247, 248
Thank you so much for your hospitality.	248
Thank you very much for inviting me.	234
Thanks for clearing that up.	228
Thanks for pointing that out.	228
That makes two of us.	252
That must be bad for business.	93

That works for me.	115
That would be cutting it close.	199
That wouldn't be a problem.	150
That wouldn't pose a problem.	150
That's a relief.	97
That's not a viable option for us.	163
That's our final offer.	145
That's out of the question.	171
That's very generous of you.	101
the border issues with …	73
The bottom fell out of the market.	69
The chord is long enough to allow free movement.	219
the current economic climate	79, 80
The economy is booming.	70
The economy is picking up.	70
the first batch	176
the first batch of the cases	112
the first consignment	176
the first installment	176
the first samples of the cases	112
the last quarter's sales	47
the minimum contract period	55
The name is Tanaka, from KJ Solutions.	122
the next best thing	199
the next calendar year	172
the next financial year	172
the next fiscal year	172
The pleasure is ours.	126
the political scene	73, 74
The roads are very busy.	200
The stock market has gone up.	69

the target market	51
The traffic is at a standstill.	200
The traffic is bumper to bumper.	200
The traffic is moving at a snail's pace.	200
The warranty expired.	189
The warranty is no longer valid.	190
The warranty is void.	190
there in 10 minutes	255
There is a gap in the market for your products.	112
There is normally nothing we can do.	190
There is nothing like this on the market.	112
There's a good chance of doing ...	101
They'll be a best-seller in Japan.	80
They'll be a huge hit in Japan.	80
They'll take off in Japan.	79, 80
They're a good value for the money.	44
They're worth the price tag.	44
think outside the box	43
think the world of you	241
think up	116
think up some ideas	44
This is off the record.	175
This is the last straw.	185
This model isn't selling so well right now.	168
This model isn't so hot right now.	168
This model isn't so in demand any more.	168
Three H's. High Quality, High Prestige and High Price.	139
tie the knot	61
To make matters worse	185
to show our regret	186
to the best of one's ability	209
To top it off	140
too much of ... in stock	168
trade with ...	56
turn to ...	40

U

under one's belt	203
up-to-date	213
visitor pass	121

W

water, dust, and shock resistant	223
We appreciate your patience and understanding.	175
We are at full capacity.	196
We are fully booked.	196
We bagged ourselves a deal with ...	136
We can't find your booking.	196
We charge a flat fee.	129
We closed a deal with ...	136
We couldn't be better.	62
We deal in ...	136

We don't have a Mr. Bridge here. 21
We have a limited budget. 52
We have a substantial budget. 52
We have gained a lot from this experience. 252
We have gotten a lot out of this time. 252
We have no record of your booking. 196
We have no rooms available. 196
We haven't decided yet. 154
We know he's busy, but 29
We look forward to hearing from you again soon. 34
We look forward to speaking to you again. 34
We need to go back to the drawing board. 43
We need to think it through. 219
We offer 136
We propose that 167, 168
We propose that you do ..., and in return, we will do 167, 168
We qualified for the top bracket of your kickback rebate scheme. 171, 172
We saw your advertisement online. 33
We sealed a deal with 136
We should be grateful. 66
We should feel lucky. 66
We specialize in 136
We suggest that 168
We usually aren't able to help. 190

We want to concentrate on social media advertising. 52
We want to concentrate our efforts on social media advertising. 52
We welcome your suggestions. 204
We'd be grateful if we could arrange an interview with him. 29
We'd be happy to do 171
We'd be happy to give you 150
We'd be more than happy to give you 150
We'd be prepared to give you 150
We'd be prepared to offer an additional 2% settlement discount if you settle through prepayment. 149
We'd be very happy if we could do 111
We'd be willing to give you 150
We'd like to ask you a few questions about 34
We'd like to inquire about 34
We'd like to make an inquiry about 34
We'd like to show our gratitude for 126
We'd like to thank you again for 126
We'll be liable for any accidents. 102
We'll be responsible for any accidents. 102
We'll consider it. 157
We'll ensure that 256

We'll have to play it by ear.	48
We'll have to take it as it comes.	48
We'll have to wait and see how the economy fares.	47, 48
We'll make sure that ...	256
We'll see that ...	256
We're carrying out maintenance work on all of our color printers.	94
We're covered by insurance.	47
We're currently experiencing a boom in the U.S.	130
We're currently gaining ground in the U.S.	130
We're delighted with our transactions.	126
We're doing fine.	62
We're here today to present to you ...	223
We're hoping to fix them by 5 p.m.	94
We're hoping to have them fixed by 5 p.m.	94
We're just leasing it.	97
We're keen to add 商品 to the collection.	39
We're not interested in selling it.	26
We're not pleased with our transactions.	126
We're open to suggestions.	204
We're pleased to say that ...	224
We're proud to say that ...	224
We're satisfied with our transactions.	126
We're still undecided about it.	154
We've called for an engineer.	94
We've come to the conclusion that ...	157
We've received feedback.	43
We've sent for an engineer.	93, 94
What about your son?	62
What are the strong points of your company?	140
What can I do for you?	26
What do you do in your free time?	242
What do you get up to in your spare time?	242
What is the political scene like in Japan?	74
What is your company's forte?	140
What is your daily output now?	209
What time do you think (that) 〜？	93
What we can offer you is ...	168
What's more	140
What's the situation in + 国・地域？	65
What's up?	26
When are you free?	112
When it really matters	87
when we come to a decision	146
when we make a decision	146
when we reach a decision	146
When would it be convenient for + 人？	107
When would you be available?	112
Whenever I try to start it up, it's unresponsive.	98
Whenever I try to start it up, nothing happens.	98

which equates to 240 yen per unit ... 150
within 5 business days ... 181
within 7 days after receiving the invoice ... 171
without a shadow of a doubt ... 213
word of mouth ... 51
work in the office ... 210
work on the floor ... 210
work something out ... 189
Would mid-November be acceptable? ... 163
Would that suit + 人? ... 107
Would you consider doing …? ... 146
Would you let me in on …? ... 228
Would you let me know …? ... 228
Would you think about doing …? ... 146
wrap up a meeting ... 39

Y

Yes, thank you. ... 234
You always give it your all. ... 126
You always go the extra mile. ... 126
You can count on us. ... 167
You can see the quality for yourselves. ... 135
You have a deal. ... 167
You know the industry inside out. ... 204
You know the industry like the back of your hand. ... 204
You seem to be just what we're looking for. ... 130
You seem to be just what we've been looking for. ... 130
You're holding your own as well! ... 237, 238
You're playing really well! ... 238
You're too kind. ... 125
You've gone to great lengths. ... 247
Your guess is as good as mine. ... 66
Your interests are multi-faceted. ... 241
Your prospects sound promising. ... 135

その他

24/7 ... 125
料理名 is the most popular item on the menu. ... 233

著者略歴

植山周一郎（うえやま・しゅういちろう）
静岡県生まれ。一橋大学商学部卒業、スタンフォード大学大学院S.E.P.修了。英国ソニー販売部長、ソニー本社宣伝部次長などを歴任した後、株式会社植山事務所を設立。翻訳、講演、テレビ番組の企画・司会などを手がける。ヴァージン・グループ顧問、サッチャー元英国首相の元日本代理人。
一橋大学非常勤講師として、グローバルビジネスをテーマに英語講義を行う。企業での英語研修・海外ビジネスコンサルティングも多く手がけるほか、「英語によるコミュニケーション術」「海外との付き合い方」などをテーマとした講演活動も行っている。著書・翻訳書に『ヴァージン―僕は世界を変えていく』（リチャード・ブランソン／著、CCCメディアハウス）など多数。
「植山周一郎のグローバルサロン」http://www.ueyamaoffice.com/

Jamie Spittal（ジェイミー・スピタル）
英国マンチェスター大学外国語学部フランス語学科・日本語学科卒。フランスで語学学校や企業での勤務を経て、一橋大学商学部にてマーケティングとグローバルビジネスを学ぶ。

〔編集協力〕ジュミック今井、Tracey Kimmeskamp

ビジネスで世界を相手にする人の英語

2015年10月21日　第1刷発行
2019年 2月27日　第2刷発行

著者　　植山周一郎、ジェイミー・スピタル
発行者　小野田幸子
発行　　株式会社クロスメディア・ランゲージ
　　　　〒151-0051 東京都渋谷区千駄ヶ谷四丁目20番3号
　　　　東栄神宮外苑ビル　https://www.cm-language.co.jp
　　　　■本の内容に関するお問い合わせ先
　　　　TEL (03)6804-2775　FAX (03)5413-3141

発売　　株式会社インプレス
　　　　〒101-0051 東京都千代田区神田神保町一丁目105番地
　　　　■乱丁本・落丁本などのお問い合わせ先
　　　　TEL (03)6837-5016　FAX (03)6837-5023　service@impress.co.jp
　　　　（受付時間　10:00-12:00、13:00-17:30　土日、祝日を除く）
　　　　古書店で購入されたものについてはお取り替えできません。
　　　　■書店／販売店のご注文受付
　　　　インプレス　受注センター　　TEL (048) 449-8040　FAX (048) 449-8041
　　　　インプレス　出版営業部　　　TEL (03) 6837-4635

カバーデザイン	竹内雄二	印刷・製本　中央精版印刷株式会社
本文デザイン・DTP	髙橋明香（おかっぱ製作所）	ISBN 978-4-8443-7439-8 C2082
英文校閲	Alex Knezo	©Shuichiro Ueyama & Jamie Spittal 2015
録音・編集・CDプレス	株式会社巧芸創作	Printed in Japan
ナレーション	Katie Adler, Chris Koprowski	

■本書のコピー、スキャン、デジタル化等の無断複製は、著作権法上での例外を除き禁じられています。本書を代行業者等の第三者に依頼して複製することは、たとえ個人や家庭内での利用であっても、著作権法上認められておりません。
■乱丁本・落丁本はお手数ですがインプレスカスタマーセンターまでお送りください。送料弊社負担にてお取り替えさせていただきます。